Ich glaube, weil … obwohl …

MANFRED KLINK

Ich glaube, weil …

obwohl …

Bibliografische Information der Deutschen Nationalbibliothek
Die Deutsche Nationalbibliothek verzeichnet diese Publikation
in der Deutschen Nationalbibliografie; detaillierte bibliografische
Daten sind im Internet über http://dnb.d-nb.de abrufbar.

© 2016 Manfred Klink
Umschlagdesign, Satz, Herstellung und Verlag:
BoD – Books on Demand
ISBN 978-3-7412-3294-7

Inhalt

Vorwort 7

Ich glaube … 9

Weil … 11

Der Konflikt zwischen »glauben« und »wissen« 14

Die fließende Grenze
zwischen »glauben« und »wissen« 24

Gesetzmäßigkeiten als Kennzeichen allen Seins und
die Notwendigkeit ihres Ursprungs in Gott 35

Der eine Auftrag des Menschen: Offenbarung empfangen 57

Der andere Auftrag des Menschen: in Freiheit
(als Individuum) Zukunft bewältigen (Welt gestalten)   69

Die Evolution des Universums und der Welt als Planablauf
göttlicher Offenbarung   82

Das Selbst in jeder originalen individuellen menschlichen
Gesamtstruktur als einmalige, unwiederholbare treibende
Kraft des Schöpfungsplanes   113

Die beiden Komplexe »Schuld« und die notwendige göttliche
Hilfe durch das Phänomen »Liebe« in Jesus Christus, Gottes
eingeborenem Sohn   118

Die Offenbarung Gottes durch die bedeutenden Gestalten
des Alten Testaments und durch Jesus Christus, seinen
eingeborenen Sohn.   135

Die Kirche Christi als Medium der Offenbarung auf dem Weg
zur Einheit, um die Christus den Vater bittet.   147

Vorwort

Diese Schrift soll weder als eine theologische noch als eine philosophische oder wissenschaftliche Abhandlung aufgefasst werden, sondern ist die Darstellung der gedanklichen Welt eines Laienchristen in unserer Zeit.

Ich habe sie zunächst für mich geschrieben, um mir selbst über meinen Glauben Klarheit zu verschaffen und um mir Rechenschaft über das zu geben, was ich meine, wenn ich das Glaubensbekenntnis bete.

Wir Christen vollziehen die seit Jahrhunderten bestehenden Gebete und rituellen Abläufe, zu denen ich mich durchaus bekenne, ohne uns der Inhalte, für die sie stehen, in vollem Umfang bewusst zu werden, was allmählich zu einem Sinn- und Wertverlust führen kann, zumal wir ein eskalierendes Auseinanderdriften der Welt des Glaubens und der Lebenswirklichkeit unserer Zeit beobachten müssen.

Die Bewegung weg von der Kirche (den Kirchen), die in den letzten Jahrzehnten immer stärkere Ausmaße angenommen hat, hat meines Erachtens auch in dem oben beschriebenen Missverhältnis ihre Ursache. Die Inhalte unseres Glaubens werden mehr oder weniger formelhaft in sich ständig wiederholenden sprachlichen Formulierungen, die nach den Vorstellungen längst vergangener Zeiten gebildet wurden und sich bis in unsere Zeit tradiert haben, an die Menschen der Gegenwart herangetragen, die mit ihnen und eben auch mit deren Inhalten wenig anzufangen wissen.

Ich bin in meinen Ausführungen der Frage nachgegangen, warum ich glaube, und habe eine Antwort zu geben versucht, die sich, so sehe ich es, mit allen in unserer Zeit möglichen christlichen Glaubenshaltungen vereinbaren lässt.

Es war mir sehr daran gelegen, die Inhalte unseres Glaubens mit den Vorstellungen unserer Zeit in Einklang zu bringen.

Mir hat die gedankliche Auseinandersetzung, aus der diese Schrift hervorgegangen ist, sehr geholfen. Möglicherweise kann ihre Lektüre auch anderen Menschen helfen.

Manfred Klink

Ich glaube ...

an den einen Gott, den Vater, den Allmächtigen,
der alles geschaffen hat, Himmel und Erde,
die sichtbare und die unsichtbare Welt.
Und an den einen Herrn Jesus Christus, Gottes eingeborenen Sohn,
aus dem Vater geboren vor aller Zeit: Gott von Gott, Licht vom Licht,
wahrer Gott vom wahren Gott, gezeugt, nicht geschaffen,
eines Wesens mit dem Vater;
durch ihn ist alles geschaffen.
Für uns Menschen und zu unserem Heil ist er vom Himmel gekommen,
hat Fleisch angenommen durch den Heiligen Geist
von der Jungfrau Maria und ist Mensch geworden.
Er wurde für uns gekreuzigt unter Pontius Pilatus,
hat gelitten und ist begraben worden, ist am dritten Tage auferstanden
nach der Schrift und aufgefahren in den Himmel.
Er sitzt zur Rechten des Vaters
und wird wiederkommen in Herrlichkeit,
zu richten die Lebenden und die Toten;
seiner Herrschaft wird kein Ende sein.
Ich glaube an den Heiligen Geist,
der Herr ist und lebendig macht,
der aus dem Vater und dem Sohn hervorgeht,
der mit dem Vater und dem Sohn

angebetet und verherrlicht wird,
der gesprochen hat durch die Propheten,
und die eine, heilige, katholische und apostolische Kirche.
Ich bekenne die eine Taufe
zur Vergebung der Sünden.
Ich erwarte die Auferstehung der Toten
und das Leben der kommenden Welt. Amen.

Weil …

Die Aussagen dieses Glaubensbekenntnisses sind für mich die Grundlage meiner Existenz. Ich habe mich seit meiner Kindheit mit den Begriffen und Vorstellungen, die diese Aussagen beinhalten, intensiv auseinandergesetzt. Sie haben für mich stets ihre Gültigkeit behalten. Die Krisen meines Lebens waren eigentlich nie Glaubenskrisen.

Besonders in den letzten Jahren hat sich in mir das Bewusstsein herausgebildet, dass mein Leben ohne diese Aussagen keinen Sinn hätte. Nicht dass ich Grund hätte, mit meinen Lebensumständen unzufrieden zu sein! Ich muss mich sogar als einen in sehr glücklichen Umständen lebenden Menschen betrachten.

Nur sehe ich für mich als Individuum wirklich keinen Sinn darin, fünfzig, sechzig, siebzig, achtzig Jahre lang ein Maß Glück, jedoch auch viel Leid, Angst, Unsicherheit, Entbehrungen, Krankheiten, Schuld zu durchleben, lediglich um dann zu sterben. Ich glaube nicht, dass mir dies um eines auf dieses Dasein, auf unser Leben, bezogenen Wertes willen als sinnvoll erscheinen könnte.

Nicht die Entwicklung der Menschheit, nicht die Entwicklung unserer Gesellschaft, nicht die Wissenschaft, der Fortschritt, nicht einmal die Kunst stellen Werte dar, die mich dazu bewegen könnten, dieses Leben als für sich absoluten Wert anzunehmen. Dies alles hätte für mich keinen Sinn, wenn ich nicht davon ausginge, dass alles Existierende über sich selbst hinausweist und hinausreicht.

Ich nähme mein Leben sicher an aus Verantwortung gegenüber den

Menschen, die ich liebe, die mir anvertraut sind, jedoch aus keiner anderen Motivation heraus. Auch darin fände ich keinen wirklichen Sinn, wenn ich nicht dessen sicher wäre, dass mein Dasein und das Dasein überhaupt auf ein absolutes Ziel hin gerichtet sind.

Ein solches Ziel finde ich in diesem Credo dargestellt. Zwar wünsche ich mir, dass die Aussage »die eine heilige, katholische und apostolische Kirche« so bald wie möglich durch »die eine Kirche Christi« ersetzt wird – ich verstehe nicht, dass sich die Kirchen nicht wegen ihrer Uneinheit, die der Betrachter allmählich als lächerliche Pervertierung des Anliegens Christi ansieht, vor Gottes Zorn fürchten –, doch als Ganzes bedeutet dieses Credo für mich den Angelpunkt meines Lebens.

Nun könnte man meinen, ich sollte es bei diesen bekennenden Sätzen bewenden lassen, sie seien von einer blinden Hörigkeit gegenüber einer dogmatischen Instanz geprägt, sie würden der Problematik nicht gerecht, die sich aus den Aussagen des Credos für uns heutige Menschen ergibt, aus ihnen spreche lediglich der Wunsch nach einer Sinngebung, sie seien nicht das Ergebnis einer wirklichen Auseinandersetzung und infolgedessen oberflächlich und irrelevant.

Ich möchte im Folgenden darlegen, dass die ihnen zugrunde liegende Sichtweise das Ergebnis von Denk- und Empfindungsvorgängen, von Lebenserfahrungen ist, die über das rein Kirchlich-Christliche weit hinausgehen, dass sie einen geistigen Hintergrund hat, der in unserer Zeit verwurzelt ist, dass sie durchaus die Sichtweise eines Menschen von heute sein kann.

Natürlich bilden die Aussagen des Glaubensbekenntnisses lediglich ein mehr oder weniger abstraktes Gerüst in meinem Bewusstsein, das durch unsere Zeit und die in ihr geltenden Inhalte geprägt ist. Ich als Christ meiner Zeit fühle mich in jedem Augenblick herausgefordert, die Inhalte unserer Zeit in dieses Gerüst zu transferieren oder umgekehrt, das Gerüst in die Inhalte unserer Zeit einzubinden.

Die Kirchen haben es, aufs Ganze gesehen, leider versäumt, diesen Vorgang mitzuvollziehen. Sie hätten die Vorstellungen, die das Glaubensbekenntnis enthält, in einem kontinuierlichen Prozess mit den Inhalten einer jeden Zeit in Übereinstimmung bringen müssen. Stattdessen haben sie sie rückwärtsgewandt gehalten und es so den Menschen, die sie ansprechen wollten, in zunehmendem Maße schwieriger gemacht, sie zu verstehen.

Als Christen sind wir heute in eine Zeit gestellt, deren Wesen in sich ständig steigernder Weise durch Erkenntnisse und Transparenz auf allen Gebieten sowie durch hochqualifizierte Technik bestimmt ist, und haben immer mehr in einem Spannungsfeld zu leben, das sich einerseits aus den auf Wissen beruhenden Anforderungen der modernen Gesellschaft, andererseits aus den Inhalten und Vorstellungen des Glaubensbekenntnisses ergibt.

Wenn diese Angelpunkt unseres Lebens bleiben sollen, müssen wir sie in unsere Lebenswirklichkeit einbringen, sonst geraten wir in einen unheilvollen Zwiespalt, den wir auf die Dauer nicht ertragen können.

Der Konflikt zwischen »glauben« und »wissen«

»Glauben« und »wissen« sind die beiden Steuerungsfaktoren unseres Bewusstseins, und das oben angesprochene Spannungsfeld ist gekennzeichnet durch immerwährenden Konflikt zwischen den beiden. »Glauben« und »wissen« sind innermenschliche Vorgänge, die in unserer geistigen Struktur verankert sind, und zwar in gleicher Weise. Sie haben für unsere Bewusstseinsbildung den gleichen Wert. Leider hat man sie zu lange als in einem scheinbaren Gegeneinander stehend gesehen, und der Konflikt, von dem ich eben sprach, von dem wir Christen am intensivsten betroffen sind, ist eigentlich ein unnötiger, denn die beiden Vorgänge sind durchaus nicht unvereinbar, ja, sie können sogar hilfreich miteinander wirken, wenn man sie nur in ihrem Wesen erkennt und ihrer Funktion gemäß agieren lässt.

Nun scheint es heute schwerer denn je, mit diesem unnötigen Konflikt umzugehen, der ja auch ein Konflikt zwischen der Theologie einerseits und den Naturwissenschaften und der Philosophie andererseits ist. Er hat sich in den letzten Jahrhunderten verschärft, und die Misere unserer Zeit ist letzten Endes zum Teil aus diesem historischen Vorgang zu erklären, jener Bewegung, die seit der Renaissance durch ein Auseinanderdriften von der Theologie (als Vermittlerin von Glaubensinhalten) und der Philosophie sowie den Naturwissenschaften (als Vermittlerin des Daseins durch wissende Erkenntnis) gekennzeichnet ist. Eine Einheit der beiden Vorstellungsbereiche bestand noch zur Zeit der Scholastik mit ihren beiden großen Vertretern Albertus Magnus und Thomas von Aquin. Die Scholastiker waren noch Theologen und Philosophen sowie Naturwissenschaftler zugleich. Seit dem 15./16. Jahrhundert fand dann diese Trennung von Theologie und Philosophie statt, die uns diesen meines Erachtens unnötigen Zwiespalt eingebracht hat.

Der Vorgang »wissen« hat in den letzten Jahrhunderten, in den letzten Jahrzehnten, in den letzten Jahren in einer sich ständig steigernden Weise quantitativ und qualitativ zugenommen und an Bedeutung gewonnen. Der Mensch wurde immer stärker auf »wissen« hin ausgerichtet und von »wissen« abhängig, so dass der Vorgang »glauben« in dem Bewusstsein der Menschen verdrängt wurde. Es scheint so, als könne sich der Mensch »glauben« nicht mehr leisten, als sei ihm die Fähigkeit zu »glauben« abhandengekommen.

Dabei gehört »glauben« als der andere Steuerungsfaktor unseres Bewusstseins, wie ich schon darlegte, in gleicher Weise zu unserem Wesen, zu unserer menschlichen Natur wie »wissen«. Beide stehen sogar in einem engen Zusammenhang miteinander, das eine ist ohne das andere gar nicht zu denken. Und ihre Funktion ist eng verbunden mit unserem Erkenntnishorizont zu sehen, der die Grenzlinie zwischen beiden bildet.

Alle Vorgänge, die innerhalb unseres Erkenntnishorizontes liegen, werden von uns »gewusst«. Es sind dies Vorgänge oder Sachverhalte, die beobachtet, belegt, bewiesen werden können. Sie werden von unseren Sinnen wahrgenommen, von unserem Verstand erfasst, begriffen und eingesehen, von unserem Urteilsvermögen eingeordnet und in Zusammenhänge gebracht. Vorgänge und Sachverhalte, die außerhalb unseres Erkenntnishorizontes liegen, die (noch) nicht gewusst werden, können von uns vermutet, angenommen, vorausgesetzt, geglaubt werden.

Nun findet »glauben« immer ausgehend von »wissen« statt, es gründet sich auf Vorgängen oder Sachverhalten, die innerhalb unseres Erkenntnishorizontes liegen, auf Erkenntnissen, die wir gewonnen haben. Ohne die geistigen Tätigkeiten aus dem Wortfeld »glauben« wären wir nicht in der Lage, über unseren Erkenntnishorizont hinauszugehen, ihn schließlich zu erweitern, ohne sie wären wir wie die anderen Lebewesen eingebunden in die Grenzen, die durch die Triebe und den Instinkt gesetzt sind. Erkenntnis wäre uns nicht möglich.

Ein solcher Erweiterungsvorgang geht also von dem aus, was wir »wissen«. Unsere Erkenntnisse geraten in ein Kombinationsspiel, indem wir mit ihnen, die ja innerhalb unseres Erkenntnishorizontes erprobt, belegt, bewiesen sind, außerhalb etwas konstruieren, was wiederum unseren durch sie gewonnenen Vorstellungen entspricht. Diese Konstruktionen jenseits unseres Erkenntnishorizontes im Bereich »glauben« werden an der Wirklichkeit erprobt, belegt, bewiesen, und falls sie der Wirklichkeit standhalten, in den Bereich »wissen« hereingeholt, so dass dieser erweitert wird.

Der eben beschriebene Vorgang ist der Steuerungsvorgang menschlicher Existenz und damit der Evolution des Geistes. Wir sehen, wie »glauben« und »wissen« in bilateraler Weise an der Erweiterung unseres Erkenntnishorizontes beteiligt sind und wie gleichberechtigt und gleichwertig sie in unseren geistigen Strukturen angelegt sind.

So sind wissenschaftliche Experimente und die Hypothesen, auf denen sie beruhen, Akte aus dem Bereich »glauben«, bis sich durch ihr Gelingen die Hypothese als der Wirklichkeit entsprechend erweist. Erst durch vielfache Wiederholung und Überprüfung wird aus der Annahme Gewissheit, aus »glauben« »wissen«.

Was wir Bewältigung der Zukunft nennen, ist nur durch das Zusammenspiel dieser beiden Steuerungsfaktoren möglich, und es ist unzulässig, dem Vorgang »wissen« eine größere Bedeutung einzuräumen als dem Vorgang »glauben«. Umgekehrt ist es nicht zulässig, dem Vorgang »glauben« eine größere Bedeutung beizumessen als dem Vorgang »wissen«, denn nur wenn beide in gleicher Weise in uns tätig sind, ist es uns möglich, die uns als Menschen gestellten Aufgaben zu erfüllen.

»Glauben«, das heißt über unseren Erkenntnishorizont hinaus annehmen, für gewiss halten, für wahr halten, bedarf letzten Endes auch unserer Erkenntnisse, ja unserer Erkenntnisse a priori, denn sie sind es, die den oben beschriebenen Vorgang der Erweiterung unseres Erkenntnishorizontes veranlassen und regeln, der eigentlich ein Hinausprojizieren unserer Erkenntnisse in den Bereich des Nicht-Gewussten ist. Erkenntnisse (aus dem Bereich des Gewussten) veranlassen uns zu gezielten Experimenten, die wiederum zu neuen Erkenntnissen führen.

Nun scheint hier ein Unterschied in der Sache zu bestehen; man könnte es als nicht gerechtfertigt ansehen, wenn ich das Beispiel des wissenschaftlichen Experiments aufgrund der Annahme von Gesetzmäßigkeiten jenseits unseres Erkenntnishorizontes mit dem Vorgang »glauben« im religiösen Sinne gleichsetze, mit dem Glauben an Gott. Von den Strukturen unseres Bewusstseins her (annehmen, für wahr halten, »glauben« mit Blick auf Sachverhalte außerhalb unseres Erkenntnishorizontes) kann ich keinen Unterschied erkennen.

Gott ist nicht innerhalb unseres Erkenntnishorizontes. Er lässt sich nicht durch Beweise erkennbar machen. Zwar deutet vieles auf seine Existenz hin (das, was uns als »Sein« vorliegt, von dem wir die Vorstellung »Schöpfung« haben, sowie die Offenbarung des Alten und Neuen Testaments), wir können ihn in unserem Leben als ihm Vertrauende, ihn Liebende, sich nach ihm Sehnende, als Menschen, denen er Gnade erweist, die seine Liebe spüren, erfahren; doch er selbst bleibt uns unsichtbar, entzieht sich unserer direkten Erkenntnis. Und die Theologie stellt sich uns als eine Kette von Gottesfindungen dar, die auf in sich schlüssigen Argumentationssequenzen basieren, in ihrem letzten Schritt allerdings auf rationale Beweisführung verzichten müssen.

Insofern liegt das gleiche Verhaltensmuster vor: »glauben« als das Fürwahrhalten von Vorstellungen außerhalb unseres Erkenntnishorizontes aufgrund von Erfahrungen innerhalb.

Und auch in der Sache habe ich keine Bedenken: Wissenschaftliches Forschen hat immer, gleichgültig aus welcher Motivation heraus geforscht wird, Offenbarungscharakter. Jedes Entdecken neuer Zusammenhänge, bis dahin unbekannter Gesetzmäßigkeiten deckt uns bis zu dem betreffenden Zeitpunkt unbekannte Qualitäten des Geistes Gottes auf, bringt uns Gott näher.

Alle Wissenschaften beschäftigen sich ausschließlich mit dem, was Gott hat werden lassen, was er geschaffen hat, mit den Gesetzmäßigkeiten, die hinter dem, was existiert, stehen, das heißt mit dem Wesen Gottes.

Wir sehen aus diesem Blickwinkel, wie eng verwandt miteinander die Theologie und die Wissenschaften sind und wie bedauerlich es ist, dass sie sich voneinander getrennt haben und, von der Ideologie her, konträre Wege gegangen sind. In Wirklichkeit bemühen sich beide um das Gleiche, um Gott und sein Wirken im Universum und in der Welt.

In seinem Brief an die Römer schreibt Paulus (1,18-21) im Hinblick auf die Erkenntnis Gottes und den Glauben an ihn: »Gottes Zorn enthüllt sich vom Himmel her über alle Gottlosigkeit und Ungerechtigkeit der Menschen. Ist doch, was sich von Gott erkennen lässt, in ihnen offenbar; Gott selbst hat es ihnen kundgetan. Denn sein unsichtbares Wesen, seine ewige Macht und Göttlichkeit sind seit Erschaffung der Welt an seinen Werken durch die Vernunft zu erkennen. Sie sind darum nicht zu entschuldigen, weil sie trotz ihrer Erkenntnis ihn nicht als Gott verherrlichten.«

Hier ist Offenbarung angesprochen, die mit Hilfe des Verstandes, der Vernunft zum Glauben an Gott und zu seiner Verherrlichung führen soll. »Verstand, Vernunft werden im kirchlichen Sprachgebrauch kaum unterschieden; hier bezeichnen beide Worte das geistige Erkenntnisvermögen des Menschen ...« (Rahner/Vorgrimler, Kleines Theologisches Wörterbuch).

Paulus beschreibt hier jenes Zusammenspiel der beiden Steuerungsfaktoren unseres Bewusstseins bemerkenswert genau hinsichtlich ihrer Funktion. Es ist von »erkennen« und »Erkenntnis« die Rede, die Ratio, das Erkenntnisvermögen, wird hier in einem engen Zusammenhang mit Offenbarung gesehen.

Paulus spricht von einer Forderung Gottes an uns Menschen, die von Anfang an gegeben ist (»seit Erschaffung der Welt«), nämlich Offenbarung durch die Erkenntnis seiner Werke zu empfangen. Dies ist eine Offenbarung, die also weit vor der alttestamentarischen und neutestamentarischen Offenbarung anzusetzen ist. Man gewinnt den Eindruck, dass hier der Offenbarungsvorgang mit Hilfe des Verstandes als der ursprüngliche, eigentliche angesehen wird und dass die beiden anderen als notwendige zusätzliche Hilfen von Anfang an gedacht und eingeplant sind, deswegen, weil in der geistigen Struktur des Menschen zwar die Fähigkeit zu diesem Offenbarungsvorgang (durch die Vernunft), aber auch die Möglichkeit des Versagens angelegt sind.

Eine andere Textstelle aus dem Johannesevangelium geht auf das gleiche Problem ein. Hier spricht Christus zu Nikodemus (Joh. 3,11): »Wahrlich, wahrlich, ich sage dir: Was wir wissen, reden wir, und was wir gesehen haben, bezeugen wir. Ihr aber nehmt unser Zeugnis nicht an. Wenn ich von irdischen Dingen zu euch geredet habe und ihr glaubt nicht, wie werdet ihr glauben, wenn ich von den himmlischen Dingen zu euch rede?« Auch diese Textstelle ist sehr aufschlussreich, hier steht ebenfalls »wissen«, »sehen« vor bezeugen, »glauben«.

Aus Christi Worten spricht die Erwartungshaltung: Glaube kann durch »irdische Dinge«, das heißt durch Zusammenhänge in der sichtbaren Welt, durch das, was geschaffen ist, durch die Schöpfung, hervorgerufen werden. Es spricht aber auch die Enttäuschung darüber aus ihnen, dass die Menschen in dieser Hinsicht versagen, und auch die bange Sorge, dass auch das Reden von den »himmlischen Dingen« nicht zum Erfolg führen könnte.

Die beiden Steuerungsfaktoren unseres Bewusstseins »wissen« und »glauben« haben sich in uns zu sehr voneinander getrennt. Uns ist dieses Abhängigkeitsverhältnis, in dem die beiden zueinander stehen, nicht so recht bewusst, dass z. B. unser Leben in die Zukunft ein von »Wissen« gesteuertes »Glauben« ist, dass unser Dasein insgesamt von diesem Wechselspiel geprägt ist.

Es scheint mir eine fatale Entwicklung zu sein, dass die Theologie einerseits und die Philosophie mit den Naturwissenschaften andererseits im Laufe der Zeit jeweils überwiegend nur das eine (»glauben«) oder das andere (»wissen«) für sich in Anspruch genommen haben. Dadurch wird, was die Theologie (die Religion) anbetrifft, eine Fähigkeit des Menschen, nämlich Erkenntnisse zu machen mit Hilfe des Verstandes und der Vernunft, außer Kraft gesetzt, sobald es um das Verhältnis des Menschen zu

Gott geht. Und man hat den Eindruck, dass die Theologie (die Kirchen) hinsichtlich dieses Verhältnisses den Versuch, Erkenntnisse mit Hilfe des Verstandes und der Vernunft zu erwerben, als verwerflich hinstellt. Der Zugang zu Gott sei nur durch »glauben« möglich, und »glauben« habe mit dem durch den Verstand gesteuerten Vorgang »wissen« nichts zu tun.

Die Naturwissenschaften und die Philosophie hingegen lassen, indem sie sich allein auf den Vorgang »wissen« stützen, den anderen notwendigen Steuerungsfaktor der menschlichen Bewusstseinsbildung außer Acht und übersehen dabei, **wie** sehr sie in ihrem Fortkommen auf Vorgänge aus dem Bereich »glauben« angewiesen sind.

Theologen, die zugleich Naturwissenschaftler sind, und Wissenschaftler sowie Philosophen, die einer Religionsgemeinschaft zugehören, geraten hinsichtlich dieses Umstandes in einen schizophrenen, lächerlich anmutenden Zustand: Als Theologen oder als religiös orientierte Menschen vollziehen sie den Vorgang »glauben«, als Wissenschaftler halten sie sich an dem Vorgang »wissen« fest. Das eine schließt bei derartigen Einstellungen des Bewusstseins das andere aus, ein wahrhaft gespaltener Zustand!

Dabei ist unser Bewusstsein doch als eine Einheit geschaffen, und eine derartige Spaltung kann nicht im Sinne des Schöpfers sein.

Dieser Zustand betrifft uns alle in gleicher Weise. Denn wir sind heute als Christen in zunehmendem Maße dem Wissen und der Wissenschaft verpflichtet, in einer Weise, wie es zu keiner Zeit der Fall war. Ständig müssen wir diesen unnötigen Konflikt mit uns herumtragen und unser Bewusstsein, je nachdem, in welchem geistigen Umfeld wir uns befinden, einstellen. Ich gehe davon aus, dass dieser eigentlich unerträgliche und unzumutbare Umstand die Schuld daran trägt, dass so viele Menschen sich von den Kirchen abwenden. Sie sehen sich nicht in der Lage, einen solchen Verhaltensbruch auf Dauer mit sich herumzutragen.

Um nicht nach der einen oder anderen Richtung hin borniert zu sein, sollten wir die Einheit in unserem Bewusstsein wiederherstellen und mit viel Umsicht und geistiger Wendigkeit die Aufgabenbereiche von »wissen« und »glauben« in unserem Bewusstsein ausloten und das Gleichgewicht zwischen den beiden in einem immerwährenden Prozess erhalten.

Die einheitliche Wirklichkeit in uns, um die es dabei geht, lässt zugleich – und dies muss ich immer wieder betonen – auch unsere Begrenztheit sichtbar werden. Denn der Vorgang »wissen« gibt zwar Sicherheit in der Erkenntnis, bedeutet aber Begrenztheit durch die Grenze des Erkenntnishorizontes. Der Vorgang »glauben« hebt zwar diese Begrenztheit auf, indem er den Raum des Nicht-Gewussten öffnet, erfordert aber eine andere Sicherheit, als sie uns durch Erkenntnis vermittelt wird. Es ist die Sicherheit eines inneren Dranges, die sich aus der Notwendigkeit ergibt, das Leben zu bewältigen, das Unbekannte zu erforschen, sich Gott näherzubringen.

Begrenztheit ist eine der wesentlichen Gegebenheiten unserer menschlichen Existenz (wobei zu unterscheiden ist zwischen »begrenzt« und »borniert«; das eine ist wesensbedingt, das andere ist selbstverschuldet). Es ist für uns Menschen unumgänglich, dass wir uns zu dieser Begrenztheit bekennen, denn sie ist in unser Wesen eingebunden, auch als Triebfeder. Sie hält den Prozess der Erweiterung unseres Erkenntnishorizontes und damit die geistige Evolution aufrecht.

Wie ich oben aufzeigte, ist es seit der Renaissance zu einer Trennung zwischen der Theologie einerseits und der Philosophie andererseits gekommen, in deren Verlauf sich die Naturwissenschaften auf die Seite der Philosophie schlagen mussten, weil die Theologie und mit ihr die Kirchen nicht in der Lage waren, die umwälzenden Erkenntnisse, die auf allen Gebieten in dieser Zeit gemacht wurden, nachzuvollziehen und mitzutragen, obwohl die meisten Vertreter der Philosophie und der Wissenschaften zunächst aus ihrem eigenen Umfeld stammten. Ja, es muss angenommen werden, dass man dies auch nicht wollte. Die Theologie und die Kirchen haben in dieser Zeit in schuldhafter Verstrickung den geistigen Fortschritt, die Evolution des Geistes, von der ich annehme, dass sie von Gott gewollt ist, aus der Hand gegeben. Die Theologie, die Kirchen hätten die Entfaltung der Philosophie und der Wissenschaften von sich aus in Gang setzen können; dann wäre die Welt des philosophischen und wissenschaftlichen Geistes in ihrem Umfeld geblieben, und es wäre nicht zu der unheilvollen Konfrontation beziehungsweise zu dem desinteressierten

Nebeneinander gekommen, von denen seither, bis in unsere Zeit hinein, das Verhältnis zwischen den beiden Blöcken geprägt ist. Stattdessen haben damals eine unkluge Unbeweglichkeit, Starrheit und ein Mangel an Gutwilligkeit und Einsicht das Verhalten der Theologie und der Kirchen bestimmt.

Wie wenig Einsicht und Beweglichkeit seitens der katholischen Kirche, zu der ich mich durchaus bekenne, die sich aber der kritischen Haltung vieler ihrer Mitglieder zu etlichen Punkten in freimütiger Auseinandersetzung stellen muss, jahrhundertelang vorgelegen hat, lässt sich aus der Tatsache ablesen, dass erst kürzlich die Erkenntnisse Galileo Galileis hinsichtlich unseres Sonnensystems offiziell vom Vatikan für richtig erklärt wurden.

Mehr als dreieinhalb Jahrhunderte hat diese Einsicht auf sich warten lassen. Was Galilei damals mit Hilfe seines genialen Forschergeistes erkannt hat, ist seit langem Gemeinplatz geworden, jedes Kind lernt es bereits in der Grundschule, modernes Leben ist ohne diese Erkenntnis nicht denkbar. Galilei wurde 1633 von der Inquisition gezwungen, seine der Wirklichkeit entsprechenden Erkenntnisse faktisch als nicht der Wirklichkeit entsprechend hinzustellen. Erst in unserer Zeit hat sich die katholische Kirche dazu durchgerungen, ihr Fehlurteil zu widerrufen und damit ihr Fehlverhalten einzugestehen.

Dieser unglaubliche Vorgang zeigt überdeutlich das Missverhältnis zwischen der Theologie (der Kirche) und den Wissenschaften auf; es ist letzten Endes auch das Missverhältnis zwischen »glauben« und »wissen«, von dem ich oben gesprochen habe, das sich hier in eklatanter Weise zu erkennen gibt.

Es ist höchste Zeit, dass das verloren gegangene Miteinander, das Zusammenwirken von Theologie und Philosophie sowie den Naturwissenschaften, in einer neuen, unserer Zeit entsprechenden Form wiederhergestellt wird, damit »glauben« heute aus den Denk- und Empfindungsstrukturen dieser unserer Zeit heraus erfolgt.

Gerade heute können die Naturwissenschaften, indem sie die Wunderwerke des göttlichen Geistes aufdecken (offenbaren), den Vorgang »glauben« herausfordern. Mir scheint sogar, dass »glauben« das notwendige letzte Ziel von »wissen« sein kann und vielleicht auch sein muss. Denn je weiter sich unser Erkenntnishorizont ausdehnt, desto größere unbekannte Räume tun sich hinter seiner jeweiligen Grenze auf, und es hat den Anschein, dass der Wissende vor der Fülle des Ungewussten hinter dem Erkannten den anderen Steuerungsfaktor des Bewusstseins, »glauben«, zu Hilfe nehmen muss.

Die fließende Grenze
zwischen »glauben« und »wissen«

Nun scheint mir heute, mehr als in früheren Zeiten, die Möglichkeit gegeben zu sein, durch eine eigentlich geringe Korrektur unseres Denkens, die übrigens längst fällig ist, »glauben« und »wissen«, Theologie auf der einen Seite, Naturwissenschaften und Philosophie auf der anderen Seite einander näherzubringen.

Unser Denken und Empfinden als Christen und als abendländische Menschen überhaupt sind bislang geprägt von einer strengen Unterscheidung zwischen »natürlichen« und »übernatürlichen« Vorgängen, zwischen dem »Diesseitigen« und dem »Jenseitigen«, zwischen »irdisch« und »überirdisch«, zwischen »Erde« und »Himmel«, zwischen den »Naturgesetzen« und »göttlichen Gesetzmäßigkeiten«.

Diese Anschauungsweise ergibt sich aus ebenjenem Konflikt zwischen den beiden Steuerungsfaktoren unseres Bewusstseins, »wissen« und »glauben«.

Die jeweils erste Vorstellung der oben genannten Begriffspaare bezieht sich auf Vorgänge, die innerhalb unseres Erkenntnishorizontes im Bereich »wissen« liegen, die jeweils zweite auf solche, die außerhalb im Bereich »glauben« liegen.

Diese Unterscheidung in unserem Denken und Empfinden geht auf Ur-Erlebnisse und Ur-Vorstellungen der Menschheit zurück. Sie hat sich in früheren Zeiten als folgerichtig und auch notwendig erwiesen. Man muss hier von einer Zweispurigkeit des Denkens und Empfindens sprechen, die sich zwangsläufig in der frühen Menschheitsgeschichte ergeben hat.

Die Menschen seit der Urzeit erlebten ihre Umwelt als eine geheimnisvolle und rätselhafte Wirklichkeit. Einen realen Bezug hatten sie nur zu der Oberfläche der Wesen und Gegenstände, mit denen sie umgingen, die ihnen freundlich oder feindlich gegenübertraten, die ihnen Nahrung oder Schutz boten oder sie abwiesen bzw. für sie Gefahr bedeuteten, die angenehme oder unangenehme Empfindungen in ihnen hervorriefen. Was hinter diesen Wesen und Gegenständen existierte, wie sie zustande kamen, wer für sie verantwortlich war, musste ihnen unbekannt und unbewusst sein. Die Lebens- und Wachstumsvorgänge in der Natur und in ihrem eigenen Leben, der Zusammenhang zwischen Zeugung und Geburt, zwischen Lebenskeim und Lebewesen, die Bedeutung von Wasser und Sonne, von Tages- und Jahreszeiten, all dies war ihnen sehr lange Zeit unbekannt und unerklärlich, ebenso die außergewöhnlichen Ereignisse in der Natur, wie Blitz, Donner, Sturm, Sturmflut, Vulkanausbruch und vieles andere mehr. Alles, was vor ihnen existierte und sich ereignete, nahmen sie über ihre Sinne in sich auf bzw. gingen damit um, doch sie konnten die Zusammenhänge hinter den Wesen und Gegenständen nicht erkennen noch erklären.

Die seit Anbeginn der menschlichen Existenz drängenden Fragen nach den Ursachen und Zusammenhängen hinter der Oberfläche des Wahrnehmbaren brachten die Menschen in allen Kulturen dazu, Kausalitätszusammenhänge außerhalb ihres Erkenntnishorizontes zu konstruieren, indem sie sich Wesen mit Eigenschaften, die sie aus ihrem menschlichen Erfahrungsbereich kannten, als Mächte und Gewalten vorstellten, die von außen her auf diese Welt einwirken würden, deren Wirkungsweise ihnen aber unerfahrbar und unfassbar erschien.

So sahen sie hinter jedem Vorgang in der Natur und in ihrem eigenen Leben Dämonen, Götter, personifizierte Wesen, die hinter dem Erkennbaren stehend und mit unbegreifbarer Macht ausgestattet, die Vorgänge in der erkennbaren Welt bewirken würden.

So gab es in allen Kulturen – wir finden heute noch derartige Zustände und Umstände in vielen Bereichen unserer Welt – derartige Wesen, die für das Wachstum, die Ernte, das Leben, die Fruchtbarkeit, den Tag, die Nacht, die Sonne, den Mond, die Jahreszeiten, den Himmel, die Erde, das Feuer, das Wasser in seinen verschiedenen Erscheinungsformen, die Berge, die Bäume, die Pflanzen, die Tiere zuständig waren bzw. sind, die für die mannigfachen Veränderungen in der sichtbaren Welt, die die Menschen als lebensnotwendig und lebensbedingend erkannten, die Verantwortung zugewiesen bekamen bzw. bekommen.

Um diese Wesen sich selbst gegenüber freundlich zu stimmen, beschenkte man sie, wie man Menschen beschenkt, mit vielfältigen und unterschiedlichen Opfergaben bis hin zu Menschenopfern und dachte, so ihre Gunst zu gewinnen.

Seit alters her bildete sich in den Menschen die Vorstellung von zwei unterschiedlichen Wirklichkeiten heraus, wie sie in den Begriffspaaren, die ich oben nannte, ihren Ausdruck findet. Die eine Wirklichkeit betraf zunächst einmal das, was sie mit ihren Sinnen aufnehmen und verarbeiten konnten, dann auch einige Kausalzusammenhänge, teils die Wesen und Gegenstände der Umwelt selbst betreffend, teils von ihnen (den Menschen) erkannt, entwickelt, angewandt, teils die zwischenmenschlichen Beziehungen betreffend. Die andere Wirklichkeit bezog sich auf jene Zusammenhänge, deren Auswirkungen zwar für sie sichtbar und spürbar waren, die sie selbst aber nicht erkennen und erklären konnten.

Letzten Endes handelt es sich hierbei um Irrwege in der Geschichte der Menschheit, so interessant, ja faszinierend auch die Mythen der Völker sich uns darbieten. Wir beschäftigen uns gern mit den Sagengestalten der alten Kulturen, denen göttliche Kräfte zugestanden werden, aber doch gerade deswegen, weil sie uns so ähnlich sind und ihre oft allzu menschlichen Verhaltensweisen uns vertraut vorkommen. Sie sind Projektionen unseres eigenen Wesens. Mit der Wirklichkeit Gottes haben sie nichts zu tun (ich werde im weiteren Verlauf noch darauf zurückkommen). Genau diese Fehlentwicklungen prangert Paulus an, wenn er sagt: »Ist doch, was sich von Gott erkennen lässt, in ihnen (den Menschen) offenbar; Gott selbst hat es ihnen kundgetan. Denn sein unsichtbares Wesen, seine ewige Macht und Göttlichkeit sind seit Erschaffung der Welt an seinen Werken durch die Vernunft zu erkennen.«

Wir sollten uns von dieser mythischen Sicht, von dieser Zweispurigkeit des Denkens und Empfindens befreien, da sie heute meines Erachtens nicht mehr notwendig ist und da sie uns sogar auf unserer Suche nach der göttlichen Wahrheit behindert.

Ein solches Umdenken ist deswegen notwendig geworden, weil die eine der beiden Wirklichkeiten in einem akzelerierenden Prozess immer erfahrbarer, erfassbarer, erkennbarer, durchschaubarer wird, während die andere Wirklichkeit, deren Existenz wir nach wie vor annehmen müssen und wollen, gerade weil sich hinter unserem Erkenntnishorizont immer größere Räume auftun, die auf eine umfassende, absolute Existenz hinweisen, immer mehr (und das besonders, weil von der ersten das Gegenteil erlebt wird) in den Bereich des Magischen, Mysteriösen gerückt zu werden droht, was sie im Laufe der Zeit in den Augen der Menschen in unerträglicher Weise abgewertet hat.

Diese Wirklichkeit ist, so sehe ich es, genauso real wie die andere, nur existiert sie jenseits unseres Erkenntnishorizontes. Von daher gesehen habe ich nichts gegen das Begriffspaar »diesseits« – »jenseits« einzuwenden, durch das diese interessante Grenze unseres Erkenntnishorizontes trefflich charakterisiert wird.

Anders ist es mit dem Begriffspaar »natürlich« – »übernatürlich«, das uns zu dem oben geforderten Umdenken veranlassen sollte. Ein solches ist möglich, und ich sage das unmissverständlich in aller Klarheit, ohne auch nur das Geringste an der Substanz der Glaubenswahrheiten abzustreifen oder zu ändern.

Es soll hier nichts Neues aufgebaut werden, es soll nur geholfen werden, dass das Überlieferte in der heutigen Zeit besser angenommen und verstanden werden kann. Ich halte es allerdings für möglich, dass manche Inhalte unseres Glaubens durch dieses Umdenken in einem neuen Licht erscheinen können.

Für eine derartige Korrektur unseres Denkens gibt es triftige Gründe, die sich eigentlich erst in unserer Zeit herausgestellt haben und immer mehr herausstellen, die in den vergangenen Zeiten nicht in der Weise vorlagen. Erst in unserer Zeit – ich sage dies nicht aus Überheblichkeit – ist eine Transparenz auf ziemlich allen Gebieten, die sich dem menschlichen Wissen, Denken und Empfinden darbieten, erreicht, die uns in die Lage versetzt, in äußerst differenzierter, sensibler Weise historische Vorgänge, die unser Bewusstsein gebildet haben, zu überprüfen und neu zu überdenken, um dieses Bewusstsein immer angemessener zu orientieren.

Zu dem Begriffspaar »Natur« – »Übernatürliches« wird folgende Begriffsbestimmung gegeben (Rahner/Vorgrimler, Kleines Theologisches Wörterbuch, Herder): »Natur (Natürliches) wird das Wesen, also die bleibende (nicht eigentlich zusammensetzbare, sondern als ursprünglich eine Setzung zu begreifende) Struktur eines Seienden genannt, insofern sie der Grund und die vorgegebene Norm seines Handelns (so auch die Voraussetzung menschlicher Kultur) ist.« Das heißt, als Natur (Natürliches) bezeichnet man alle erkennbaren, nicht (vom Menschen) gemachten, sondern als Geschaffenes entstandenen Wesensmerkmale, die man als kausalitätsbezogen und regelhaft, als Gesetzmäßigkeiten unterworfen erkennen kann.

»Übernatürliches (weil kein substanziell Seiendes besser als: Übernatur) im engsten Sinne ist das, was als Teilnahme am Sinn und Leben Gottes (vergl. Petr. 1,4) unmittelbar die Anlagen und Forderungen einer geschaffenen Geistesnatur (sofern diese mit einer solchen Natur notwendig gegeben sind) übersteigt.«

Unter »Anlagen« verstehe ich die »bleibende Struktur eines Seienden« (s. o.), als »Forderungen« das durch den Erwartungshorizont (des jeweiligen Erkenntnisstandes) bestimmte, von erkennbaren kausalitäts- und regelbezogenen Vorgängen geprägte Postulat einer »geschaffenen Geistnatur« an das Wesen der Dinge. Das heißt also, als »Übernatürliches« bezeichnet man das, was geschieht, aber nicht als kausalitätsbezogen, regelhaft, aufgrund von erkennbaren Gesetzmäßigkeiten entstanden bezeichnet werden kann.

Aus den Begriffserklärungen geht hervor, dass zwischen »natürlich« und »übernatürlich« eine Grenze gesehen wird, die jene beiden Wirklichkeiten als eine mehr oder weniger starre Linie in zwei völlig unvereinbare Bereiche trennt.

Nun ermöglicht uns die oben dargestellte Transparenz, die uns wie keiner anderen Zeit zur Verfügung steht – auch das ist nicht überheblich gesagt –, folgenden Gedankengang: Die oben dargestellte Grenze zwischen »natürlich« und »übernatürlich«, die unser Bewusstsein seit jeher geprägt hat, ist nicht starr, sie bewegt sich. Sie verschiebt sich, im Sinne einer Erweiterung, mit dem Erkenntnisvorgang und macht den Bereich des Erkennbaren (der ja im hergebrachten Sinne das »Irdische«, das »Natürliche« beinhaltet) immer umfangreicher.

Es handelt sich hier um eine gleitende Progression des Erkennens, also des Vorganges »wissen«, in den Raum des Unerkannten hinein, wobei wir uns bewusst sein sollten (ich lege von vornherein sehr großen Wert auf diesen Umstand), dass uns Menschen hinsichtlich des Erkennens qualitativ und quantitativ Grenzen gesetzt sind.

Zum einen ist das, was wir »erkennen« nennen, eigentlich nur ein Feststellen, Ordnen, Belegen, Beweisen, Anwenden von Gesetzmäßigkeiten, deren Allgemeingültigkeit lediglich wahrscheinlich ist. »Wissen« bezieht sich also nur auf Oberflächliches. Den Urgrund dieser Gesetzmäßigkeiten hat bislang keine Wissenschaft ergründet.

So stellt der Begriff »Kraft« und das, was er bedeutet, einen wesentlichen Faktor unseres Denkens und Handelns dar. Wir beobachten, messen, qualifizieren »Kraft« auf vielen Gebieten der uns zugänglichen Wirklichkeit. Was »Kraft« eigentlich ist, wie dieses Phänomen zustande kommt und wer es bewirkt, ist nirgendwo ausgesagt, geschweige denn bewiesen.

Zum anderen ist die Kapazität jedes einzelnen Menschen, was sein Wissen und seine Leistungsfähigkeit anbetrifft, qualitativ und quantitativ begrenzt, wie ich schon darlegte. Unser Körper ist die räumliche Grenze unserer Persönlichkeit, unser Leben ist zeitlich begrenzt, unsere Fähigkeiten und Möglichkeiten bewegen sich in einem mehr oder weniger engen Rahmen. Diese Umstände veranlassen zu der Annahme, dass die

Kapazität der gesamten Menschheit, deren Quantität, was die Anzahl aller Menschen anbetrifft, letzten Endes genau festgelegt ist, auch einer eindeutigen Begrenzung unterliegt.

Trotz der Einschränkungen hinsichtlich ihrer Begrenztheit kann diese Progression des Erkennens, die in unserer Zeit einen atemberaubenden Verlauf nimmt, nicht übersehen werden. Und gerade sie drängt uns eine Bewusstseinskorrektur hinsichtlich des Begriffspaares »Natürliches« – »Übernatürliches« auf.

Die Menschen vergangener Zeiten, meinetwegen die Menschen zu der Zeit Christi, müssten aufgrund des ihnen eigenen Erkenntnis- und Erfahrungshorizontes unsere heutige Welt, wären sie plötzlich in sie hineinversetzt, als jenseits des »Natürlichen«, als »Übernatürliches«, Wunderbares ansehen.

Das elektrische Licht, ein ohne äußerlich wahrnehmbare Kraft fahrendes Fahrzeug, ein Flugzeug, ein Film, auf Ton- und Bildträger gespeicherte auditive und visuelle Vorgänge, die Bauwerke einer Großstadt, unsere Wohnkultur, die Produktionsvorgänge der Industrie, die Heilverfahren der Medizin, kurz gesagt, unsere Zivilisation, wie sie heute existiert, müsste ihnen, die ja über die Zusammenhänge nicht informiert waren (und eine wirkliche Information wäre hierbei eine langwierige Prozedur), wie eine »übernatürliche« Welt erscheinen. All das, was ich oben nannte, wäre für sie ein Komplex von wunderbaren Phänomenen, weil sie das Kausalitäten- und Regelgefüge, das unserer Zivilisation zugrunde liegt, wegen ihres wesentlich engeren Erkenntnishorizontes nicht durchschauen könnten. Während der zwei Jahrtausende ist dieser kontinuierlich erweitert worden, so dass, was uns heute als mit den Naturgesetzen im Einklang zu stehen scheint, den Erkenntnistand der Menschen von damals überstiegen hätte.

Dieses Kausalitäts- und Regelgefüge, das unsere Zivilisation ausmacht, mit dem wir alles in ihr enthaltene hergestellt haben, beruht auf unüberschaubar vielen Gesetzmäßigkeiten (sogenannten Naturgesetzen), die wir im Laufe der Zeit als Gesetzmäßigkeiten erkannt haben und die zu gebrauchen wir gelernt haben. Wir haben sie als der konkreten Wirklichkeit innewohnende Wirk- und Gestaltungskräfte erfahren, uns bewusst gemacht und registriert. Sie sind zwar einerseits mit der konkreten Wirklichkeit verbunden, weil sie in ihr wirken, andererseits sind sie auch, losgelöst von ihr, als abstrakte Größen zu denken.

Das heißt, sie existieren seit jeher in dieser Wirklichkeit, aber auch in dem absoluten Raum des Geistes. Wir können z. B. in unserem Denken mit ihnen umgehen, können sie formulieren, können sie mit anderen Gesetzmäßigkeiten in Verbindung bringen, können sie in mehr oder weniger beliebiger Weise für unsere Zwecke nutzen.

Sie existierten auch in vergangenen Zeiten in beiderlei Hinsicht, nur deckte sich der Mantel der Unwissenheit in dem Bewusstsein der Menschen über sie. Dabei bewirken sie sowohl in der Schöpfung als auch in der von uns hergestellten Wirklichkeit Erstaunliches, ja Wunderbares.

Als in dieser Hinsicht besonders sprechende Beispiele möchte ich die erste Herztransplantation und die erste Fahrt des Menschen zum Mond anführen. Bis zu ihrer Durchführung galten beide Vorgänge bei der großen Mehrheit der nicht eingeweihten Zeitgenossen als undurchführbar. Von dem Augenblick ihres Gelingens an waren sie zu ganz selbstverständlichen Angelegenheiten geworden, heute denken alle nicht unmittelbar Betroffenen ohne Erregung an sie. Ja, die danach Geborenen bzw. Aufgewachsenen empfinden nicht mehr, wie sehr sich jene Grenze zwischen »wissen« und »glauben« durch diese beiden Ereignisse bewegt hat.

»Herz« war früher gleichzusetzen mit »Seele«, »Gemüt«, ja »Persönlichkeit«, weil sich an der Aktivität dieses Organs innermenschliche Zustände und deren Veränderungen ablesen lassen. Seitdem Herzen austauschbar geworden sind, lässt sich diese Anschauung nicht mehr aufrechterhalten, und auch unser Sprachgebrauch ist diesbezüglich zu überdenken.

Die Möglichkeit, die Anziehungskraft unserer Erde zu überwinden und den Trabanten Mond zu erreichen, ja sogar auf ihm zu landen, und die Verwirklichung dieser Möglichkeit bedeuten das endgültige Abschütteln des alten mythischen Weltbildes und sind zeichenhaft für die Progression des Erkennens.

Nun bezieht sich das eben Dargelegte nicht eigentlich auf die Begriffe

»Natürliches« – »Übernatürliches«, weil von Gegenständen und Vorgängen die Rede war, für die der Mensch als Macher verantwortlich ist. Doch alles, was der Mensch bewirkt, beruht wie gesagt auf den sogenannten Naturgesetzen, und diese liegen ja dem »Natürlichen« zugrunde.

Nach der alten mythischen Weltsicht der Menschen vergangener Zeiten bis in die Neuzeit hinein wäre ein nicht erklärbarer Vorgang so lange als »übernatürlich«, »überirdisch«, »wunderbar« anzusehen, bis die ihm zugrunde liegenden Gesetzmäßigkeiten entdeckt, erkannt, beschrieben, erwiesen, angewandt sind.

Dies ist eine Auffassung, die in unserer Zeit niemand ernsthaft vertreten könnte, auch nicht seitens der Theologie (die sich ja schon seit geraumer Zeit dem Erkenntnisprozess geöffnet hat), und zwar deshalb, weil sich die Grenze unseres Erkenntnisstandes eben in einer ständigen, fast fließenden Bewegung befindet.

In vergangenen Zeiten war sie über weite Zeiträume hinweg mehr oder weniger starr, so dass das Phänomen ihrer Bewegung nicht genügend zur Kenntnis genommen werden konnte. Heute erweitert sich diese Grenze mit jedem Augenblick, und die Menschheit kann, auch dank der weitverbreiteten Massenmedien, diesen Vorgang miterleben und nachvollziehen.

Leider tritt eine Gewöhnung an das Außergewöhnliche ein, die uns den Blick trübt für die Bedeutsamkeit dieser Bewegung, die wir als das Normale hinnehmen.

Jeden Tag werden neue Gesetzmäßigkeiten entdeckt, und hinter jeder neu entdeckten tauchen neue Zusammenhänge, neue Gesetzmäßigkeiten, neue Rätsel auf.

Welch ein großer Raum des Unerkannten ist durch die Entdeckung und Erforschung des Atoms aufgestoßen worden! Und mit dieser Erweiterung der Erkenntnis werden immer wieder neue Fragen aufgeworfen: Welche Kraft hält das Atom und die Atome zusammen? Was ist Materie? Was ist Energie? Was ist Kraft?

Ebenso verhält es sich mit der Erforschung des Lebens: Wie kommt es zu dessen unglaublich komplizierten Abläufen? Welche Kraft in jedem Lebewesen ermöglicht dessen Wachstumsprozesse, dessen Bewegungen, seine durch Triebe gesteuerte Lebenserhaltung und die Erhaltung seiner Art? Welche Kraft in uns bewirkt, dass wir denken und empfinden können, formt unsere Gedanken und Empfindungen in Worte und lässt auf diese Weise Kommunikation zustande kommen, eigentlich den bewundernswertesten Vorgang auf dieser Welt? Welche Kraft lässt in toter Materie, in Pflanzen, Blumen, Tieren, in uns Menschen Gestaltproportionen, Farbkombinationen entstehen, die unserem ästhetischen Empfinden adäquat sind, und welche Kraft stellt unser ästhetisches Empfinden dementsprechend ein?

Welche Kraft wirkt in dem genialen Künstler und lässt ihn Kunstwerke schaffen, durch die er sich anderen Menschen mittels deren ästhetischem Empfinden mitteilen kann, durch die er, selbst Geschöpf, zum Schöpfer wird?

Alle diese Fragen weisen auf Gesetzmäßigkeiten hin, die in dem unermesslichen Raum jenseits unseres Erkenntnishorizontes liegen. Es sind die Fragen nach dem Urgrund allen Seins.

Der Materialismus und der Positivismus, zwei geistige Bewegungen, die aus dem 19. Jahrhundert heraus das Bewusstsein der abendländischen Gesellschaft entscheidend mitgeprägt haben und auch heute noch als weitverbreitete Grundhaltungen zu erkennen sind, halten einzig und allein die diesseitige Existenz des Erfahrbaren, Erkennbaren, Tatsächlichen, Materiellen für gegeben und relevant; sie leugnen eine absolut jenseitige Existenz, jede Transzendenz, also auch die Wirklichkeit Gottes. Ihr Ziel ist es, die Lebenswirklichkeit durch gesellschaftliche Prozesse und durch wissenschaftliche Erkenntnis immer lebenswerter zu gestalten.

Menschen, die diese Grundhaltungen vertreten, gehen davon aus, dass auf all jene Fragen durch wissenschaftliches Forschen Antworten gefunden werden können.

Nun haben wir gerade in den letzten Jahrzehnten in zunehmendem Maße die Erfahrung gemacht, dass sich hinter jeder gefundenen Antwort ganze Komplexe neuer Fragen ergeben; mit jeder Tür, die wir in den Bereich jenseits unseres Erkenntnishorizontes aufstoßen, betreten wir neue, größere unbekannte Räume, so dass sich gerade in unserer

Zeit die übergeordnete Frage stellt: Ist die Menschheit mit ihrer materialistischen und positivistischen Grundeinstellung, die, obwohl sich viele Menschen – auch viele Wissenschaftler – von ihr abgrenzen, doch weitgehend unser Denken, Empfinden und Tun bestimmt, wirklich in der Lage, den Urgrund des Seins, auf den jene Fragen abzielen, erfahrbar, erkennbar zu machen, oder stoßen wir hier an die endgültige Grenze unserer diesseitigen Erkenntnis?

Die Theologie (die Kirchen), die Naturwissenschaften und die Philosophie sollten sich in unserer Zeit einig sein in der Annahme, dass es unendlich viele Gesetzmäßigkeiten geben müsse, die jenseits des jeweiligen Erkenntnishorizontes liegen. Dadurch wäre sehr viel gewonnen hinsichtlich der Wiederherstellung der Einheit in unserem Bewusstsein: Die Theologie würde sich dadurch von jeder Form mythischer Weltsicht distanzieren und könnte den Wissenschaften zugestehen, dass auch sie durch die Ergebnisse ihrer Forschung das Wirken des Geistes Gottes im Universum offenbaren. Die Philosophie und die Naturwissenschaften könnten sich dadurch, angesichts der unermesslichen Fülle von offenen Fragen der Begrenztheit unserer menschlichen Existenz bewusst werden.

Wir erleben in unserer Zeit einerseits, wie sich in atemberaubender Geschwindigkeit unser Erkenntnishorizont erweitert, müssen aber zugleich einsehen, dass dieser Prozess, so sehe ich es, aller Wahrscheinlichkeit nach in unserer diesseitigen Existenz nie beendet werden kann.

Gesetzmäßigkeiten als Kennzeichen allen Seins und die Notwendigkeit ihres Ursprungs in Gott

Alle Vorgänge in dem Bereich des für uns Erkennbaren unterliegen im Zusammenhang mit dem Kausalitätsprinzip Gesetzmäßigkeiten (wobei ich mir wohl des durch die Quantenforschung entdeckten Unsicherheitsfaktors bewusst bin), von denen wir einen großen Teil erkannt haben. Den anderen, wie ich oben darstellte, meines Erachtens unermesslichen, bedeutenderen Teil haben wir nicht erkannt – ich verzichte hier bewusst auf das Wort »noch«, weil sein Gebrauch in diesem Fall zu Missverständnissen Anlass geben könnte.

Zwar gehören die Auswirkungen dieser nicht erkannten Gesetzmäßigkeiten – ich halte das für äußerst bemerkenswert – als sichtbare Folge einer Kette von Kausalitäten, von denen einige uns durchaus schon bekannt sein können, dem Bereich unserer Erfahrung an, doch sie selbst liegen jenseits unseres Erkenntnishorizontes. So haben wir auf dem Gebiet der Genforschung in den letzten Jahrzehnten erstaunliche Zusammenhänge erkannt, und man schickt sich an, mit Hilfe der erworbenen Kenntnis einschneidende Veränderungen in der Welt des Lebendigen zu bewirken. Doch welche Kraft in einem Baum, einer Pflanze, einem Tier, einem Menschen Gene in immer identischer Konstellation in das Bündel Same oder Ei einbindet, das haben wir nicht erkannt. Faszinierend ist gerade an diesem Vorgang, dass er so unmerklich ohne Aufhebens, ohne Hilfsmittel, wie von selbst geschieht.

»Gesetz« nennt man jede gesetzte Ordnung oder Norm eines Geschehens oder Handelns (Der neue Herder). Aus dieser Begriffserklärung geht hervor (das heißt, wir können es uns nicht anders denken), dass der Begriff »Gesetz« eine Setzung von außen her beinhaltet.

Für die Begriffe »Ordnung« und »Norm« gilt das Gleiche. Außerdem müssen wir annehmen, dass die Instanz, die das Setzen vornimmt, Verstand, Vernunft und einen freien Willen besitzt.

»Naturgesetze« sind unter gleichen Bedingungen immer gleiche, messbare Verhaltensweisen, die schon mit dem Wesen der materiellen Dinge und Kräfte gesetzt sind und aus ihm mit Notwendigkeit hervorgehen. Sie sind nur durch Beobachten (Experiment) möglichst vieler ähnlicher Einzelfälle zu entdecken; sie bewirken nicht das Weltgeschehen, sondern sind nur Aussagen über dessen regelmäßigen Ablauf; sie zeigen einen Kausalitätszusammenhang und erlauben daher Vorausberechnung künftiger Ereignisse aus gegebenen Vorbedingungen. Der Mensch gestaltet durch Anwendung erkannter Naturgesetze seine Umwelt (Der neue Herder).

Was für den Begriff »Gesetz« gilt, muss auch für den Begriff »Naturgesetz« gelten. Auch hier müssen wir, anders lässt es sich nicht denken, eine Instanz mit Verstand, Vernunft und freiem Willen voraussetzen, die in einem Wesen vereinigt sind, das die – wie oben gesagt – Setzung vornimmt.

Da es sich bei den sogenannten »Naturgesetzen« um eine meines Erachtens unbegrenzte Anzahl handelt – in den folgenden Gedankengängen werde ich noch darauf eingehen –, muss ich, ich kann nicht anders denken, ein Wesen voraussetzen, das in seiner Verfügungsgewalt unbegrenzt ist – Gott.

Wir sehen hier sehr deutlich, dass erkennendes Denken notwendigerweise zum Glauben an Gott führen kann, wenn man dies will.

Ich gebrauche, wie mir scheint, aus gutem Grund statt des Begriffs »Naturgesetz« lieber den Begriff »Gesetzmäßigkeit«. Dieser Begriff meint überhaupt alle kausalitäts- und regelbezogenen Verhaltensweisen und vermeidet die Beschränkung, die der Begriff »Naturgesetz« auferlegt, der lediglich die Vorgänge innerhalb des jeweiligen Erkenntnishorizontes erfasst. In dem folgenden Gedankengang wird die meines Erachtens notwendige Begriffskorrektur plausibel.

Denn von dem oben Dargelegten aus ergibt sich ein ganz neuer Denkansatz in Bezug auf das Verhältnis Mensch – Schöpfung – Gott. Der ständig wachsende Erkenntnisstand einerseits, die Fülle an unerkannten Gesetzmäßigkeiten, deren Existenz wir annehmen müssen, andererseits stoßen uns zwangsläufig auf die Notwendigkeit eines Umdenkens.

Es kann nicht mehr die Gegenüberstellung geben: hier das »Natürliche«, das auf Gesetzmäßigkeiten beruht, die wir erkennen und einsehen können, – dort das »Übernatürliche«, das auf Gesetzmäßigkeiten beruht, die wir nicht erkennen, nicht einsehen können. Sondern wir müssen davon ausgehen, dass alle Gesetzmäßigkeiten – sie sind ja Voraussetzung für jegliche Existenz – ihrem Wesen nach gleich sind.

Es handelt sich nicht um Gesetzmäßigkeiten von zweierlei Qualität, einzig und allein die Begrenztheit unseres Erkenntnishorizontes lässt uns eine Unterscheidung treffen. Wir können lediglich sagen: Dieses haben wir erkannt, jenes nicht (auch hier gebrauche ich nicht das Wort »noch«, da es den Eindruck erwecken könnte, als sei meiner Meinung nach unserem Erkenntnisvermögen keine Grenze gesetzt).

Ungeachtet dieser Grenze, die uns in unserem diesseitigen Leben – davon gehe ich aus – auf Raum und Zeit beschränkt, macht die fließende Erweiterung unseres Erkenntnishorizontes doch Folgendes deutlich: Die oben als notwendig dargestellte Korrektur hinsichtlich der Begriffe »Natürliches« – »Übernatürliches« wird und wurde ständig in dem Bewusstsein der Menschen vorgenommen. Was erkannt war, wurde sofort als selbstverständlich eingeheimst, wurde zum Naturgesetz gemacht. Vorher gehörte es dem mehr oder weniger mythischen Bereich des Übernatürlichen an. Bei der schon oben angesprochenen ersten Mondlandung und den Vorgängen um die Vorbereitung dazu ist dies am eindrucksvollsten zu beobachten gewesen.

Wir sollten diese Korrektur rigoros ein für alle Male tun und sollten lediglich von Gesetzmäßigkeiten sprechen. Dadurch wird uns bewusst, dass es nur eine durchgehende Wirklichkeit gibt und dass einzig und allein unsere Begrenztheit, die durch die Strukturen unserer Existenz, durch die Dimensionen Raum und Zeit, bedingt ist, uns daran hindert, diese durchgehende Wirklichkeit zu erfassen.

Übrigens lassen sich ja, wie schon oben dargelegt, Gesetzmäßigkeiten abstrakt formulieren und als abstrakte Vorgänge denken. Sie bleiben als Gesetzmäßigkeiten bestehen, auch wenn sie nicht in einem konkreten Gegenstand bzw. Vorgang wirken. Sie sind unabhängig von unserer konkreten Wirklichkeit, an die sie uns gebunden scheinen. Sie gehören ihrem Wesen nach dem absoluten Geistigen an. Es sind die konkreten Gegenstände und Vorgänge, die an sie (an die Gesetzmäßigkeiten) gebunden sind, nicht umgekehrt. Unsere konkrete Wirklichkeit lässt sich ohne die Gesetzmäßigkeiten nicht denken, sie sind deren Ursache.

Nun wurde ja oben schon gesagt, dass wir uns Gesetzmäßigkeiten nicht anders als »gesetzt« vorstellen können. Und da es sich bei ihnen um hinsichtlich ihrer Charakteristika und ihrer Anzahl unermessliche und unbegrenzte Qualitäten handeln muss (denn was durch sie entstanden ist, ist für uns Menschen von unfassbarer Qualität und Quantität), gehen wir Christen – auch das ist schon gesagt worden – von Gott als in seinen Möglichkeiten, seiner Wirklichkeit und seiner Macht unbegrenzten und unbeschränkten »Setzer« aus.

In dem Glaubensbekenntnis heißt es durchaus einleuchtend und wohlbedacht »Schöpfer aller sichtbaren und unsichtbaren Dinge«. Diese dogmatische Aussage beschreibt sehr zutreffend das Verhältnis Mensch – Schöpfung – Gott. Der Mensch steht vor der Schöpfung als vor der sichtbaren, erkennbaren Wirklichkeit Gottes, die durch die (unsichtbaren) Gesetzmäßigkeiten aus dem Geist Gottes entstanden ist und erhalten wird. Die fließende Grenze seines Erkenntnishorizontes führt ihn über die Kette der Gesetzmäßigkeiten, die sich in Gott als ihrem Urgrund vereinigen, zu dem Glauben an ebendiesen Schöpfer aller Dinge.

Es heißt in dem Credo eben nicht »aller natürlichen und übernatürlichen Dinge«, sondern »aller sichtbaren und unsichtbaren Dinge«: Gott ist der Inbegriff aller Gesetzmäßigkeiten, die Gesetzmäßigkeit schlechthin, das einzige Wirkliche, die einzige Realität.

Die hergebrachte Vorstellung von den Begriffen »natürlich« und »übernatürlich« hat meines Erachtens auch dazu geführt, dass viele Wissenschaftler und überhaupt denkende Menschen mit der (christlichen) Religion nicht zurechtkamen, von ihren Denk- und Empfindungsansätzen abgestoßen wurden, aus den Kirchen hinausgetrieben wurden.

Schließlich wurde ja durch diese Zweispurigkeit des Denkens und Empfindens die jenseitige Wirklichkeit in den Bereich des Mythischen, des Magischen, ja des Mysteriösen gerückt. Und die Wirklichkeit Gottes wurde eigentlich nicht als solche gesehen, Gott wurde eben als ein Wesen aus dem Bereich des Mythischen, Magischen, Mysteriösen gedacht und empfunden.

Die geistige Evolution mit ihren Tendenzen zur Aufklärung des Menschen – eine ganze Epoche der Philosophie nennt sich »Aufklärung« – hat in den vergangenen Jahrhunderten Zustände und Verfassungen in den Menschen sich entwickeln lassen, die ein Einlassen auf derartige Vorstellungen unmöglich machen. Es kam eben zu jenem Auseinanderleben der Philosophie mit den Naturwissenschaften und der Theologie, unter dem wir noch heute leiden.

Zwar haben viele bedeutende Wissenschaftler, viele denkende Menschen in jüngerer Zeit erkannt, dass »wissen« in »glauben« einmündet. Doch der sich über Jahrhunderte erstreckende Prozess der Bewusstseinsbildung in der oben dargestellten Richtung lässt sich nicht von heute auf morgen umkehren, zumal die Weltanschauungen des Materialismus und des Positivismus eigentlich erst in unseren Jahrzehnten in die breiten Gesellschaftsschichten eingegangen sind und sich da als Gemeinplätze überaus hartnäckig festgesetzt haben. Zwar hat sich auch die Theologie dem wissenschaftlichen Weltbild geöffnet, doch das Bewusstsein breiter Schichten der religiös Orientierten basiert auf den oben charakterisierten zweispurigen Vorstellungen.

Wenn wir uns nun zu diesem rigorosen Schritt durchringen und das Begriffspaar »natürlich« – »übernatürlich« aus unserem Bewusstsein verdrängen und durch »sichtbar« – »unsichtbar« oder »diesseits« – »jenseits« ersetzen, lässt sich folgende einheitliche Aussage treffen: Gott ist Herr über alle Gesetzmäßigkeiten. Ihm stehen zu jedem Zweck Gesetzmäßigkeiten zur Verfügung. Er kann sie in Kraft und außer Kraft setzen, weil er sie ins Sein gerufen hat. Nur handelt es sich bei allem, was Gott in die Wege leitet, um Gesetzmäßigkeiten und nicht um Zaubereien, mysteriöse Vorgänge.

In diesem Zusammenhang erscheint es mir notwendig, über den Begriff »Logos« nachzudenken.

Im Anfang war »Logos«, und »Logos« war bei Gott, und Gott war »Logos«. Dieser war im Anfang bei Gott. Alles ist durch ihn geworden, und ohne ihn ist nichts geworden, was geworden ist.

Diese ersten Sätze des Johannesevangeliums erfassen eigentlich das gesamte Sein, Gott und seine Schöpfung.

Der »Logos«, der mit Gott identifiziert wird (und Gott war »Logos«), ist hier als die notwendige Ursache für alles, was ist, vorausgesetzt, als der Urgrund der Schöpfung (alles ist durch ihn geworden).

Leider hat der Begriff »Logos«, wahrscheinlich im Zusammenhang mit den theologischen Auseinandersetzungen und Glaubenskämpfen der ersten Jahrhunderte nach Christus, eine Einengung hinsichtlich seiner Bedeutung erfahren, indem man ihn – und das ist, mir unverständlich, so geblieben – mit »Wort« gleichgesetzt und dies quasi dogmatisiert hat.

Man war sich dabei nicht bewusst, und es scheint sich daran nichts geändert zu haben, dass man durch diese Übersetzung hermeneutisch, historisch und theologisch unkorrekt verfahren ist und eine meines Erachtens unzutreffende Vorstellungen hervorrufende Bewusstseinsbildung eingeleitet hat. Eine Korrektur – dies sei von vornherein gesagt – wäre töricht und ist unmöglich. Nur sollte man intensiv darauf hinweisen, dass in dem Begriff »Logos« »Geist« (Gottes) zu verstehen ist und nicht das bloße Wort, die Hülle.

Das griechische Wort »Logos« gehört zu den Wörtern, die ein vielschichtiges Bedeutungsfeld haben. Natürlich kann es auch »Wort« bedeuten und viele Nuancen dieses Wortfeldes ausdrücken. Doch daneben hat es auch die Bedeutungen von »Voraussetzung«, »Bedingung«, »Grund«, »Zweck«, »Denkkraft«, »Vernunft«.

Man muss wissen und hätte damals bei der Übersetzung davon ausgehen müssen, dass »Logos« einer der Grundbegriffe der griechischen Philosophie ist. Bei Heraklit bedeutet dieses Wort das allgemeine Weltgesetz, die Weltvernunft, bei Platon die gedankliche Erfassung der alles Sein und Tun bestimmenden Idee, in der Stoa die das All als Bewusstsein durchdringende Gottheit mit den Keimformen aller Entwicklung (Der neue Herder).

Nun hat der Evangelist Johannes in Ephesus gewirkt, einer Stadt, so muss man annehmen, in der der Begriff »Logos« eine jener ganz bestimmten Bedeutungen hatte; denn ebenjener Philosoph Heraklit (um 500 v. Christus) hat ihn hier in dem oben genannten Sinne eingeführt. Man kann Heraklits »Logos« auch mit »Urvernunft«, »Weltseele«, »ordnende Kraft« übersetzen.

Johannes hat diesen Begriff sicher im Sinne der griechischen Philosophie und ihrer Tradition mit Blick auf Heraklits Lehre so und nicht anders verstanden. Er wollte ja griechischen Bürgern das Leben und die Lehre Christi vermitteln und sie dazu bewegen, sich zu dem Glauben an Christus zu bekennen. Er musste sich notwendigerweise mit ihrer geistigen Welt auseinandersetzen, musste ihre Sprache sprechen und die Begriffe in ihrem Sinne gebrauchen. Und in der Terminologie der griechischen Philosophie der Antike ist eben »Logos« nicht mit »Wort« gleichzusetzen. Das Johannesevangelium ist wahrscheinlich Ende des ersten Jahrhunderts in Ephesus entstanden. Die ersten Übersetzungen ins Lateinische geschahen Ende des zweiten Jahrhunderts natürlich im lateinischen Sprachraum, wo der philosophische Hintergrund den Übersetzern nicht (mehr) bewusst war. Vielleicht war er ganz aus dem Bewusstsein der Zeit verschwunden.

Natürlich hat man bei der Festschreibung der Bedeutung »Wort« pantheistischen Tendenzen, die man in den Sinngebungen Heraklits vermutete, vorbeugen wollen; man hat in ihnen eben zu wenig das Personale in der Vorstellung des Göttlichen gesehen – und im Grunde die menschlichste, kreatürlichste aller Bedeutungen von »Logos« gewählt.

Denn »Wort« ist nur im Zusammenhang mit dem Menschen und in menschlichen Dimensionen zu sehen. Es ist etwas Geschaffenes, Entstandenes, es war nicht von Anfang an da, es hat sich entwickelt und entwickelt sich auch heute noch, es ist Mittel, Mittel der Kommunikation der Menschen miteinander, lediglich Zeichen, nicht Gehalt, nicht Sinn. Sinn und Gehalt sind hinter dem Medium »Wort« verborgen, das zwischen ihnen und dem Menschen steht.

Johann Wolfgang von Goethe hat schon recht, wenn er Faust sagen lässt: »Ich kann das Wort so hoch unmöglich schätzen, ich muss es anders übersetzen.« Er legt seinem Faust als bessere Bedeutungen »Sinn«, »Kraft« und schließlich »Tat« in den Mund.

Gott hat das »Wort« zwar mit dem Menschen geschaffen, wie er alles geschaffen hat, er kann sich seiner bedienen, wie er sich alles Geschaffenen bedienen kann; doch es ist nicht notwendig mit seiner Existenz verbunden, zumal es ja nur den Menschen, nicht den anderen Lebewesen als Ausdrucksmittel gegeben ist.

Natürlich hat Christus durch sein »Wort« und durch das, was er getan hat – beides wird wiederum mit Hilfe des »Wortes« weitergegeben und vermittelt –, uns Menschen kundgetan, wie er, das heißt, wie Gott das Leben von uns Menschen und unsere Welt gestaltet sehen will, doch dies hat er erst von dem Zeitpunkt an getan, als er Mensch geworden ist; erst dann hat er sich dem in dem Bereich des Menschen angesiedelten Medium »Wort« unterworfen.

Für mich ist »Logos« gleichzusetzen mit »absoluter Geist«. Diese Bedeutung schließt »Ursache«, »Folge«, »Zweck«, Denkkraft«, »Vernunft«, »Verstand«, »Wille«, »Geschehen«, »Sinn«, »Kraft«, »Tat« mit ein. Er erfasst alles, was ist; denn in allem, was ist, sehen wir als Urgrund Geist, uneingeschränkten, allumfassenden, allgegenwärtigen, allmächtigen Geist, von dem alle Gesetzmäßigkeiten als Voraussetzungen des Seienden ausgehen, sowohl was das Materielle als auch was das Geistige anbetrifft: Nichts existiert ohne diesen absoluten Geist noch ohne die Gesetzmäßigkeiten, die von ihm ausgehen.

Von hier aus ergibt sich eine unmittelbare Beziehung zum Verständnis der Trinität, wenn man nämlich den Anfang des Johannesevangeliums so übersetzt: Im Anfang war der absolute Geist, und der absolute Geist war bei Gott, und Gott war der absolute Geist. Dieser war im Anfang bei Gott. Alles ist durch ihn geworden, und ohne ihn ist nichts geworden, was geworden ist ... Und der absolute Geist ist Fleisch geworden und hat unter uns gewohnt, und wir haben seine Herrlichkeit geschaut, eine Herrlichkeit als des Eingeborenen vom Vater, voll Gnade und Wahrheit.

In diesem Sinnzusammenhang zeigen sich die drei Personen, die drei Wesenheiten in ihrer Einheit: Der Geist ist einerseits mit Gott identisch, andererseits vermag er sich aus seiner Absolutheit zu lösen und mit Christus in das Fleisch, in die erfahrbare Existenz einzugehen, mit Christus, mit dem er als Gottes eingeborenem Sohn von Anbeginn eins ist. Auf diese Weise ergibt sich ein tiefer Sinngehalt hinsichtlich der Einheit der drei Wesenheiten.

Von daher gesehen ist Gott in seinen drei Wesenheiten für mich der Inbegriff aller Gesetzmäßigkeiten (und zwar in unbegrenzter Fülle). Er hat in der für uns wahrnehmbaren Schöpfung Ketten von Kausalitäten (für mich ist es letztlich nur eine Kette) in ein für uns unvorstellbar feines Wirkungsfeld gegenseitiger Abhängigkeiten versetzt und lässt sie in ihrer Eigengesetzlichkeit wirken.

Ich gehe davon aus, dass er selbst mit seiner Kraft den Vorgang »Schöpfung« aufrechterhält, dass seine Kraft zu jeder Zeit in allen durch Gesetzmäßigkeiten geregelten Abläufen zugegen ist, unbeschadet der oben genannten Eigengesetzlichkeit. Nur hat es für uns den Anschein, als geschähe alles, was in unseren Dimensionen (Raum und Zeit) abläuft, wie von selbst und als seien wir Menschen die eigentlichen Gestalter in unserer Verfügungsgewalt über die Natur.

Das liegt eben daran, dass die durch die göttlichen Gesetzmäßigkeiten bewirkten Vorgänge in der erfahrbaren Wirklichkeit in dieser von Gott so gewollten (scheinbaren) Selbständigkeit geschehen, so dass wir von unserer Sicht aus versucht sind, sie als in Wirklichkeit eigenständig anzuerkennen.

Von dem oben Gesagten her ergibt sich für mich bis zu einem gewissen Grade Übereinstimmung mit pantheistischen Anschauungen. Gott ist wohl absolute Existenz, absolute Instanz jenseits von Raum und Zeit;

er ist aber auch mit seiner Kraft in allem, was in Raum und Zeit existiert und geschieht, zugegen. Ohne seine Gegenwart geschähe nichts. Zöge Gott seine Kraft aus der Materie, so wäre seine Schöpfung nicht existent. Denn was wir Materie nennen, ist lediglich durch die Kraft zustande gekommen, die aufgrund mannigfacher Ordnungsprinzipien alles zusammenhält. Der Aufbau der Atome und der Moleküle macht uns deutlich, welch subtile Gesetzmäßigkeiten hier am Werk sind, aber auch, wie trügerisch das äußere Bild ist, das uns der Begriff Materie assoziiert. Denn eigentlich besteht ja alles in der uns erfahrbaren Wirklichkeit nur aus Spannungsfeldern, die in für uns unvorstellbar feinen Abhängigkeiten zueinander sich verhalten. Dabei muss man sich vor Augen halten, dass zwar der Aufbau der Atome erkannt ist – ein Kern, den in ebensolchen Spannungsfeldern Elektronen umkreisen –, was sich hinter diesem Kern und den Elektronen verbirgt, ist uns nicht bekannt, möglicherweise noch winzigere Spannungsfelder.

Gerade der Aufbau der Atome mit ihren Kraftfeldern und ihrer Abhängigkeit von mathematischen Voraussetzungen (die Bedeutung der Zahlen hinsichtlich der Unterschiede zwischen den Elementen) drängt uns gleichsam zu der Annahme, dass eine uneingeschränkte Intelligenz hinter der erfahrbaren Wirklichkeit steht, diese aber zugleich mit uneingeschränkter Kraft zusammenhält, eine Intelligenz, die im unfassbar Kleinsten wie im unfassbar Größten wirkt: der Geist Gottes.

Man muss hier zweierlei auseinanderhalten: Gott ist durch seinen Geist und durch seine Kraft, wie schon gesagt, in allem, was existiert, zugegen, er ist aber zugleich auch Macht von außerhalb und lässt den Abläufen weitestgehend ihre Eigengesetzlichkeit. Auf diesem Prinzip beruhen alle Vorgänge unserer Wirklichkeit.

Aus dieser Regelhaftigkeit in allem, was geschieht, ergibt sich für uns eines der Probleme in unserem Verhältnis zu Gott und zu seiner Schöpfung: Unser Umfeld, das in den uns gesetzten Dimensionen Raum und Zeit Existierende, erscheint uns so selbstverständlich und alltäglich, so normal, eben »natürlich«, dass wir im Laufe unseres Lebens in einen Gewöhnungsprozess eingebunden werden, der uns in zunehmendem Maße versäumen lässt, alles zu hinterfragen.

Wir leben an der Wirklichkeit vorbei, wenn wir uns nicht in jedem Augenblick um das Bewusstsein bemühen, dass in allen Zuständen und Vorgängen Gottes Geist und Kraft jederzeit wirksam sind, dass er alles Existierende, obwohl es scheinbar wie von selbst existiert, erhält und – bei aller Eigengesetzlichkeit – auch lenkt.

Wir Menschen haben im Laufe der Zeit gelernt, mit einem Teil der Gesetzmäßigkeiten, die innerhalb unseres Erfahrungsbereichs als regelhafte Verhaltensweisen allem Geschehen zugrunde liegen, die aber auch als abstrakte Größen und Wertigkeiten in dem Bereich des absoluten Geistes gedacht werden können, umzugehen, als stünden sie in unserer alleinigen Verfügungsgewalt.

Unser Geist vermag sie zu erkennen und ihre vielfältigen Verknüpfungsmechanismen zu durchschauen, unser Wille, unsere physiologischen Voraussetzungen, unsere technischen Hilfsmittel sowie unsere oben beschriebene Fähigkeit, über unseren Erkenntnishorizont hinaus und in die Zukunft hinein Sachverhalte zu projizieren und sie in der jeweiligen Gegenwart zu realisieren, versetzen uns in die Lage, sie uns dienstbar zu machen, ja in ihre Regelhaftigkeit einzugreifen und die Abläufe in der sogenannten »Natur« zu beeinflussen, sie sogar zu bestimmen (was nicht immer zu unserem und der »Natur« Nutzen sein muss).

Alles, was der Mensch geschaffen hat und was er in Zukunft schaffen wird, ist auf diese Weise entstanden und wird so entstehen. Im Laufe der Zeit haben die Wissenschaften die Arbeit des Denkens und Erprobens übernommen, die Technik die des Ausführens und Herstellens. Unser gesamtes Leben ist eine Folge von derartigen Abläufen, auch das Leben eines jeden Einzelnen von uns.

Auch Schäden, die durch regelhafte Abläufe in der Natur oder durch unser Verschulden entstanden sind, können wir auf diese Weise ausbessern, bzw. wir können drohende Schädigungen abwenden. So vermag ein Handwerker ein Werkstück, das durch bestimmte, dem betreffenden Handwerk zuzuordnende Gesetzmäßigkeiten entstanden ist und das einen Defekt aufweist, durch andere Gesetzmäßigkeiten, die nicht unbedingt aus dem Bereich des gleichen Handwerks zu stammen brauchen, zu reparieren.

Ein subtileres Bild vermitteln die Heilverfahren der Medizin. Überließen die Ärzte die Kranken den Gesetzmäßigkeiten der Krankheiten, so wären in vielen Fällen die Folgen katastrophal. Ein Eingreifen des Arztes ergibt sich nicht unbedingt aus den Gesetzmäßigkeiten der Krankheit, die der Kranke an sich erfährt; sie werden nur mit ihnen zu Heilzwecken verknüpft. Sie liegen in der Regel auch jenseits des Erkenntnishorizontes des Patienten. Sie können die Gesetzmäßigkeiten der Krankheit beeinflussen, außer Kraft setzen, sie können Heilung bewirken.

Es kann sein, dass die von dem Arzt angewandten Gesetzmäßigkeiten sich vor kurzer Zeit noch jenseits des Erkenntnishorizontes der Medizin befanden, doch sie waren (besser: sie sind) von Anbeginn in der absoluten Wirklichkeit des Geistes Gottes existent. Nur weil die Wissenschaft sie erkannt hat, vereinnahmen wir sie als sogenanntes »Natürliches«.

An dieser Stelle sollten wir über das willkürliche Eingreifen Gottes in die (von unserer Sicht aus) Eigenständigkeit seiner in der sogenannten »Natur« (in seiner Schöpfung) konkret gemachten Gesetzmäßigkeiten nachdenken: über das Phänomen »Wunder«.

Ich denke besonders an die Wunder Christi, die für mich notwendige Fakten der Heilsgeschichte sind. Sie zeigen seinen Ursprung aus der absoluten Wirklichkeit des Geistes auf und legitimieren ihn als den Sohn Gottes.

Viele Aussagen, die hierzu seitens der Theologie der Gegenwart gemacht werden, machen auf mich den Eindruck, als müsse man sich dafür entschuldigen, dass in den Evangelien von den Wundern Christi die Rede ist. Man erklärt sie aus dem Bedürfnis der damaligen Menschen nach wunderhaften Erzählungen, man billigt ihnen lediglich zeichenhafte Bedeutung zu und leugnet letzten Endes ihre Authentizität. Natürlich sind sie Zeichen für den Ursprung Christi aus Gott, aber gerade deswegen sind sie für mich in erster Linie Fakten.

Die Schwierigkeiten, die gerade unsere Zeit diesbezüglich hat, haben sich aus der oben aufgezeigten Zweispurigkeit unseres Denkens und Empfindens hinsichtlich der Vorstellungen »Natürliches« – »Übernatürliches« ergeben.

Wenn wir in diesem Zusammenhang die oben dargelegten Vorgänge aus den Bereichen des Handwerks und vor allem der Medizin überdenken, so geht aus ihnen Folgendes hervor:
1. Es gibt Gesetzmäßigkeiten, die die (scheinbar) eigenständig regelhaft ablaufenden Vorgänge in der Schöpfung beeinflussen, verändern, außer Kraft setzen können.
2. Wie wir aufgrund unserer Erfahrung annehmen müssen, ist der Raum der unerkannten Gesetzmäßigkeiten jenseits unseres Erkenntnishorizontes, was das nicht unmittelbar durch unsere Sinne Erfahrbare, das Unsichtbare, anbetrifft (eine ganze Reihe solcher Gesetzmäßigkeiten wie z. B. die Radioaktivität, Strahlen- und Wellenphänomene u. a. m. betreffend haben wir erkannt und nutzen sie), unermesslich.
3. Wir (als Geschöpfe) vermögen durch unseren Geist, unseren Willen, unsere physiologischen Voraussetzungen sowie unsere technischen Möglichkeiten die regelhaft ablaufenden Gesetzmäßigkeiten des Schöpfers nach unseren Vorstellungen willkürlich zu manipulieren, sobald sie innerhalb unseres Erkenntnishorizontes liegen.
4. Nur Gott, dem Schöpfer, in dessen Hand wir nach ehrlichen, folgerichtigen Überlegungen die Gesamtheit aller Gesetzmäßigkeiten annehmen müssen, trauen wir nicht zu, dass er mit ihnen willkürlich nach seinen Vorstellungen umgehen kann, wie wir es letzten Endes auch tun.

Eine mir unverständliche Borniertheit und ein gefährliches Verkennen der Zusammenhänge sprechen daraus, wenn wir Gott (Christus) die Macht aberkennen, in seine Schöpfung einzugreifen, wie und wann er es für richtig hält und wie und wann er es will.

Gott hat seine Schöpfung so organisiert, dass zwar, wie ich oben darlegte, alle Abläufe regelhaften Kausalitätsketten unterliegen, die voraussehbar weder unterbrochen noch durchbrochen werden. Hält er es für nötig, so vermag er aber durch in seiner Verfügungsgewalt stehende Gesetzmäßigkeiten Abläufe in seiner Schöpfung nach seinem Willen auszurichten. Da es sich bei allen Gesetzmäßigkeiten um ihrem Wesen nach gleiche, der durchgehenden (dem Diesseitigen wie dem Jenseitigen zugrunde liegenden) Wirklichkeit des absoluten Geistes angehörende Wertigkeiten handelt, haben solche Eingriffe Gottes in seine Schöpfung überhaupt nicht den Anschein des Magischen, Mysteriösen, sondern sie gehören eben der Wirklichkeit Gottes an.

Diese Anschauungsweise setzt allerdings voraus, dass man Gott als reales Wesen sieht, das zwar jenseits unseres Erkenntnishorizontes existiert, das aber durch die unermessliche Fülle der in seiner Macht stehenden Gesetzmäßigkeiten mit dem Diesseitigen in unmittelbarer und inniger Gegenwärtigkeit verbunden ist.

Einen bis in unsere Zeit hinein erfahrbaren Sachverhalt aus dem Bereich »Wunder« stellt das sogenannte Turiner Leichentuch, das Grabtuch, Christi, dar, das man lange Zeit als suspektes Reliquiar abzutun geneigt war; auch heute noch möchte man es am liebsten verleugnen.

Der auf der Leinwand dieses Tuches eingeprägte Körper mit dem Gesicht eines Mannes gilt als das Abbild des Körpers und des Gesichtes Christi im Grab. Übrigens diente dieses Tuch bedeutenden Malern (z. B. Albrecht Dürer) als Modell. Möglicherweise erklärt sich die Ähnlichkeit eigentlich aller Christus-Darstellungen von daher. Georges Rouault hat dieses Tuch ebenfalls porträtiert und nennt das Bild ausdrücklich »Das heilige Grabtuch von Turin«.

In unserer Zeit ist dieses Tuch hinsichtlich der Zeit seiner Entstehung mit Hilfe von Kohlenstoffanalysen eingehend und durch verschiedene wissenschaftliche Teams untersucht worden. Vor etwa einem Jahrzehnt datierte man es in das späte Mittelalter und erklärte es somit als eine Fälschung.

Man hatte damals einen Stoffteil untersucht, der nach einem Brand, dem das Tuch ausgesetzt war, auf eine beschädigte Stelle aufgesetzt worden war. Neuere Analysen haben ergeben, dass die ursprünglichen Stoffteile aus der Zeit Christi und aus Palästina stammen, was mit hoher Wahrscheinlichkeit seine Echtheit belegen würde.

Der abgebildete Körper stellt den eines gekreuzigten Mannes dar, der einer intensiven Tortur ausgesetzt war (die Folgen von Geißelhieben und Wunden der Kopfhaut sind deutlich zu sehen). Der Vorgang des Abbildens hat sich nach dem Tod Christi und seiner Grablegung vollzogen. Man hatte den Leichnam – die Berichte aller vier Evangelien stimmen darin überein – in Leinentuch gehüllt, das man nach Christi Auferstehung an der Stelle fand, an welcher der Leichnam gelegen hatte.

Chemische Analysen haben ergeben, dass das Abbild durch Prozesse zustande gekommen ist, die denen vergleichbar sind, die beim Fotografieren eine Rolle spielen. Leinwand, zum Einbalsamieren verwendete Mittel, Blut, Schweiß, Körperausdünstungen haben in einmaliger Weise zusammengewirkt, um eine chemische Reaktion auszulösen, die folgenden Sachverhalt ergeben hat:

Auf dem Tuch selbst ist das Abbild des Körpers und des Gesichtes als dem Negativ einer Fotografie entsprechende Abbildung festgehalten. Als man das Tuch zum ersten Mal fotografieren konnte, erhielt man auf dem Negativ folgerichtigerweise die positive Abbildung, so dass der Körper und das Gesicht Christi sichtbar wurden.

Ich habe oben das Wort »einmalig« gebraucht, weil es sich hier um einen einmaligen Fall handelt, ein solcher Vorgang ist in dem Bereich unserer Erfahrung nicht anzutreffen.

Den mit diesem Phänomen konfrontierten Menschen galt der Zusammenhang von Anfang an als »wunderbar«. Die Wissenschaft hat herausgefunden, dass hier Gesetzmäßigkeiten im Spiel sind. Nur sind diese Gesetzmäßigkeiten durch den Geist und den Willen Christi, Gottes, in einmaliger Weise wirksam geworden. Christus hat sich der Menschheit als Herr in göttlicher Macht über diese Gesetzmäßigkeiten zeigen wollen und hat ihr auf diese Weise sein Abbild hinterlassen. Wir sollten sehr froh darüber sein.

Diese Erscheinung ist in mehrfacher Hinsicht interessant und aufschlussreich:

1. Was Menschen (Christen) in vergangenen Zeiten als »Wunder« angesehen haben, muss uns heute – bei unserem erweiterten Erkenntnishorizont – als von einem allmächtigen Geist, Gottes Geist, bewusst organisierte, zielgerichtete Anwendung von in der Allexistenz existierenden Gesetzmäßigkeiten erscheinen.

2. Es sind Gesetzmäßigkeiten, wie wir sie im Laufe der Zeit erkannt haben, und, nachdem wir sie erkannt haben, auch bewusst organisieren und anwenden können, nur sind sie nicht unmittelbar unserem Geist unterworfen, sondern wir bedürfen einer Vielzahl von Hilfsmitteln und Hilfskonstruktionen, um unsere Absichten zu verwirklichen, während Gott seine Gesetzmäßigkeiten unmittelbar und ohne Hilfsmittel, allein kraft seines Geistes wirksam werden lassen kann, ungeachtet der Regelhaftigkeit, *der* sie in unseren Dimensionen unterworfen sind.
3. Wir sind durch den uns jeweils zur Verfügung stehenden Erkenntnishorizont begrenzt, während Gott unbegrenzt und unbeschränkt ist. Unser Erkenntnishorizont hat sich erst nach zweitausend Jahren so geweitet, dass er imstande ist, die Zusammenhänge zu erkennen, die der oben dargestellten Erscheinung zugrunde liegen. Gott kann, unabhängig von Raum und Zeit, über seine Gesetzmäßigkeiten verfügen.
4. Die Gegenwart Christi ist durch dieses Abbild gerade in unserer Zeit atemberaubende Wirklichkeit.

Ich habe schon mehrfach auf die fließende Grenze unseres Erkenntnishorizontes aufmerksam gemacht, die gerade durch den Vorgang ihrer Ausdehnung das soeben Gesagte erhärtet. An dem konkreten Beispiel des menschlichen Gehirns lässt sich am eindrucksvollsten aufzeigen, wie der Bereich des Erkennbaren, Erfahrbaren, Messbaren, des Diesseitigen, des, wie wir in unserer Borniertheit sagen, Realen, unmittelbar in jene andere Wirklichkeit übergeht, die der Urgrund aller Gesetzmäßigkeiten ist, deren eigentliches Wesen wir meiner Meinung nach eben nicht ergründen werden können.

Unser Gehirn ist wohl das erstaunlichste Phänomen der Schöpfung, der konkreten Wirklichkeit. Seine Strukturen sind so beschaffen, dass auf der Basis des lebendigen Materiellen durch biochemische und physikalische Prozesse Geist entstehen und sich entwickeln kann, dessen Leistungen uns weit über unser Gebundensein an unseren Körper und an die Dimensionen Raum und Zeit hinaus tragen können. Es vermag die

Vorgänge unseres Körpers zu steuern, die Informationen, die über unsere Sinne aus der erfahrbaren Wirklichkeit in uns hereingelangen, zu registrieren, einzuordnen, zu bewerten; es vermag Begriffe zu bilden, zu abstrahieren, logisch zu denken, durch unseren Willen vielfältig zu agieren und zu reagieren, Gefühle bewusst zu machen, ethische und moralische Wertmaßstäbe zu setzen, eine Vorstellung von Gott zu bilden. Und dies alles geschieht in einer gleitenden Koordination ohne heterogene Kupplungs- oder Schaltmechanismen. Ich werde im weiteren Verlauf darauf noch näher eingehen.

Wir haben seine Funktionen erforscht, kennen die verschiedenen Zentren und ihre Aufgaben sowie ihr Leistungsvermögen, haben die Strukturen der Zellen untersucht, wissen um die biochemischen und physikalischen Vorgänge, die das Denken ermöglichen, können Gehirnströme messen, die Funktionen der Zentren beeinflussen, Krankheiten des Gehirns behandeln und heilen.

Diese Fähigkeiten und Fertigkeiten wurden möglich, weil wir Gesetzmäßigkeiten, die den Funktionen dieses Organs zugrunde liegen und die sie steuern, in unseren Erkenntnisbereich hereingeholt haben. In Bezug auf andere Gesetzmäßigkeiten, das Gehirn betreffend, ist dies noch nicht der Fall. Vor allem durchschauen wir nicht, was Gedanken und Empfindungen überhaupt sind und welche Instanz die Steuerung all dieser vielen unfassbar feinen Mechanismen vornimmt, wie es überhaupt dazu kommt, dass Geist in Materie eingebunden sein kann, Geist, der Gedanken denken kann, die frei von allem Materiellen sind.

Auch hier sind zweifellos Gesetzmäßigkeiten am Werk, nur liegen sie jenseits unseres Erkenntnishorizontes, und ich gehe nicht davon aus, dass bezüglich dieser letztgenannten Zusammenhänge uns in unserer diesseitigen Begrenztheit alles erfassende Erkenntnis möglich ist.

Wir haben Computer entwickelt, die Leistungen des Gehirns in erstaunlicher Verlässlichkeit und in kürzester Reaktionszeit erbringen können, aber auch die besten Geräte dieser Art agieren nicht autonom; sie müssen an die Energiequelle Strom angeschlossen sein, und sowohl die für ihre Leistungen notwendigen Daten als auch die Arbeitsaufträge müssen ihnen vom Menschen eingespeichert werden, was sie grundlegend von unserem Gehirn, das hinsichtlich seiner Denk-, Empfindungs- und Willensleistungen der Autonomie unserer Person obliegt, unterscheidet.

Zwar ist auch die Arbeit unseres Gehirns von Energie abhängig; durch die Aufnahme von Nahrung schaffen wir die materielle Grundlage für alle körperlichen und geistigen Abläufe unserer Persönlichkeit. Doch diese denkt, steuert und handelt von unserem Gehirn aus, von innen her, eigenständig und auf sich selbst gestellt. Und was die Persönlichkeit jedes menschlichen Individuums ausmacht, was in ihm die unübersehbar vielen Gesetzmäßigkeiten mit ihren subtilen Wirksamkeiten koordiniert und steuert und was alles zu dieser Einheit Mensch zusammenhält, ist uns, wie gesagt, nicht bekannt.

Ich gehe davon aus, dass Geist, Selbst, Seele nicht einfach mit »Gehirn« gleichzusetzen sind. Vielmehr muss es, anders kann ich diesen Zusammenhang nicht denken, eine dem Gehirn (und damit dem Körper) übergeordnete Instanz geben, in der alle Gesetzmäßigkeiten des Gehirns (und damit des Körpers, denn dieser wird in allen seinen Gesetzmäßigkeiten vom Gehirn aus gesteuert) zusammenlaufen und von der aus durch andere (autonome) Gesetzmäßigkeiten alle Vorgänge des Gehirns (und damit des Körpers) gesteuert werden, die sozusagen Befehle an die einzelnen Zentren des Gehirns (und damit an den Körper) erteilt und alle Vorgänge in homogenen, gleitenden Abläufen koordiniert.

Ohne eine solche Steuerung wären derartige gleitende Übergänge von Funktionen zu Funktionen, wie wir sie an uns selbst in jedem bewusst gelebten Augenblick beobachten können, nicht möglich.

Dies ist bei uns Menschen, im Gegensatz zu anderen Lebewesen, deshalb anders nicht denkbar, weil wir, wie aus dem oben Dargestellten hervorgeht, hinsichtlich unserer Handlungen und Gedanken Entscheidungsgewalt haben. Das heißt, unsere äußeren und inneren Abläufe sind nicht lediglich programmiert, wie z. B. bei den Tieren, bei denen in ihrem Instinkt ein Verhaltensprogramm vorliegt, sondern sie unterliegen einer, wie gesagt autonomen, Steuerung durch eine Instanz, die einen unabhängigen Willen besitzt, eben Geist, Selbst, Seele, wie immer man auch diese Instanz nennen mag.

Im Gegensatz zu der materialistischen Lehrmeinung, die eine solche Instanz leugnet, gehen der Philosoph Karl R. Popper und der Gehirnphysiologe John C. Eccles in ihrem Buch »Das Ich und sein Gehirn« (Verlag Piper, München/Zürich, S. 428 ff.) von dem »selbstbewußten Geist« in einem jeden Menschen aus, dem die oben dargelegte Funktion obliegt:

»In Kürze besagt diese Hypothese, daß der selbstbewußte Geist eine Einheit darstellt (Abb. E7-2), die aktiv mit dem Auslesen aus der Vielzahl aktiver Zentren in den Moduln[1] der Liaison-Zentren der dominanten Großhirnhemisphäre befaßt ist. Der selbstbewußte Geist selektiert aus diesen Zentren in Übereinstimmung mit seiner Aufmerksamkeit und seinen Interessen und integriert seine Wahl, um von Augenblick zu Augenblick die Einheit bewußter Erfahrung zu vermitteln. Er wirkt auch zurück auf die neuralen Zentren (Abb. E7-2). So wird angenommen, daß der selbstbewußte Geist eine überlegene interpretierende und kontrollierende Funktion in bezug auf die neuralen Ereignisse ausübt, mit Hilfe einer in beiden Richtungen erfolgenden Interaktion über die Kluft zwischen Welt 1 (physische Gegenstände und Zustände) und Welt 2 (Bewußtseinszustände) hinweg (Abb. E7-2). Es wird vermutet, daß die Einheit der bewußten Erfahrung nicht von einer letzten Synthese in der neuralen Maschinerie herrührt, sondern in der integrierenden Aktion des selbstbewußten Geistes auf das, was er aus der ungeheuren Vielfalt neuraler Aktivitäten im Liaison-Gehirn herausliest, liegt.«

Nach dieser Hypothese beruht der menschliche Geist nicht auf der Summe aller Tätigkeiten des Gehirns, sondern ist eine »unabhängige Einheit« und dem Gehirn übergeordnet. »Es wird zur Diskussion gestellt, daß die Welt des selbstbewußten Geistes (Welt 2) jedes individuellen Ichs sich unter dem Einfluß von Welt 3 (Wissen im objektiven Sinne) auf dieses Ich entwickelt. Welt 3 umfaßt die Gesamtheit des kulturellen Erbes, und besonders die Sprache.«

John C. Eccles spricht (Dialog XI, S. 657/658) von dem »Ursprung des Ich« und dessen »erlebter Einzigartigkeit«, die er mit genetischen Argu-

---

1 elektrische Bauelemente

menten allein nicht ausreichend erklären kann: »Ich bin genötigt zu glauben, daß es etwas gibt, das wir einen übernatürlichen[2] Ursprung meines einzigartigen selbstbewußten Geistes oder meiner einzigartigen Selbstheit der Seele nennen könnten; und das läßt natürlich ein ganzes Bündel neuer Probleme entstehen. Wie kommt meine Seele dazu, mit meinem Gehirn in Verbindung zu stehen, das einen evolutionären Ursprung besitzt.«

An diesem Beispiel wird besonders beziehungsreich deutlich, wie das, was wir Wirklichkeit nennen, ein Konkretwerden von Gesetzmäßigkeiten aus der abstrakten Allexistenz des absoluten Geistes Gottes ist. Wie sonst nirgendwo in der Schöpfung lässt sich an dem menschlichen Gehirn erkennen, wie hier Geist in die Materie eingebunden ist, wie beide eine Einheit bilden, wie Geist wiederum aus der Materie hervorgeht und sich in Abstraktion hineinbegibt.

Gerade hier können wir die fließende Grenze unseres Erkenntnishorizontes mit seinem stetigen Erweiterungsvorgang beobachten und erkennen, dass sie nicht zwei qualitativ grundverschiedene Bereiche trennt, sondern lediglich die Grenzlinie unseres jeweiligen Erkenntnisstandes bildet. Andererseits sollten wir uns bewusst werden, dass es für uns Menschen in unserer diesseitigen Existenzform immer ein »jenseits« geben wird.

Darüber hinaus zeigt sich gerade hier in faszinierender Weise, dass das eigentlich Wunderbare in der Schöpfung selbst liegt. Denn dass unser Gehirn so perfekt funktioniert, dass sich in uns Menschen aus der Basis des Materiellen heraus, Persönlichkeiten, Individuen entwickeln, das ist wunderbar zu nennen.

Alles, was ist, was aus Gott hervorgegangen ist, das Sichtbare und das Unsichtbare, stellt eine durchgehende Einheit ohne Bruch dar. Und die Vorstellung von dem Mythischen, Mysteriösen jenseits unseres Erkenntnishorizontes sollte aus unserem Bewusstsein ausgeräumt werden, weil sie uns den Weg zu Gott als einer Realität, einem Fakt, verstellt.

Gott begegnet uns ganz unmittelbar in seinen konkret gewordenen

---

2   ich würde sagen jenseitigen

Gesetzmäßigkeiten, die er in seine sichtbare und erkennbare Schöpfung eingebunden hat. Durch sie hindurch sehen wir und ahnen wir die eigentliche Wirklichkeit Gottes, die sich von uns Menschen jedoch letzten Endes nur glauben lässt, allerdings auf der Grundlage dessen, was wir erkannt haben und infolgedessen wissen.

An diesem Punkt wird deutlich, wie die beiden Steuerungsfaktoren unseres Bewusstseins »glauben« und »wissen« durch ihr für unsere menschliche Existenz charakteristisches Zusammenspiel Erweiterung unseres Bewusstseins bewirken können, Erweiterung zu Gott hin. Gott zeigt sich uns nicht direkt, er lässt sich im Grunde nur »glauben«, doch die in uns angelegte Fähigkeit und der in uns angelegte Drang, seine Gesetzmäßigkeiten zu erkennen, erweisen ihn für uns notwendigerweise als den Urgrund aller Wirklichkeit, als die Wirklichkeit schlechthin.

Wenn wir nur »glauben« wollen, bleibt Gott für uns mythisches, mystisches Wesen. Wenn wir nur das als Realität anerkennen wollen, was wir »wissen«, beschränken wir uns in einer Weise, die gegen die in uns angelegten Strukturen als nach Erkenntnis Strebende gerichtet ist (das ist übrigens beim Nur-»glauben«-Wollen auch der Fall). Beide Verhaltensformen zeigen uns als nur halbe menschliche Existenz. Erst das oben dargestellte Zusammenspiel beider Steuerungsfaktoren unseres Bewusstseins lässt uns unserem Wesen gerecht werden.

Aus dem oben Dargelegten geht hervor, dass die Schöpfung die sichtbare, erkennbare, erfahrbare Wirklichkeit Gottes ist. Als solche ist sie der eine Teil des unfassbaren Ganzen, der Allexistenz, deren Urgrund eben Gott ist. Gerade die ständige Erweiterung unseres Erkenntnishorizontes und die immer größer erscheinenden Räume des Nicht-Erkannten zwingen diese Vorstellung auf. Wir und die erfahrbare Schöpfung überhaupt bilden gewissermaßen einen Ausschnitt aus dieser Allexistenz, die man sich hinsichtlich ihrer Qualität einheitlich, homogen denken muss (Gottes unfassbares Wesen ist sowohl im Diesseitigen wie im Jenseitigen zugegen – er ist allgegenwärtig). Gott hat lediglich unsere Erkenntnisfähigkeit begrenzt (denn trotz der Bewegung unseres Erkenntnishorizontes muss man diesen immer als eine Grenze sehen), so dass wir stets nur den uns zugänglichen Ausschnitt erfahren können. Es ist eine fatale Selbsttäuschung, wenn wir diesen Ausschnitt als das Ganze und eigentliche Wirkliche und als die Allexistenz ansehen. Er ist lediglich das Sichtbare vor dem Hintergrund des Unsichtbaren, mit dem es jedoch in enger Verknüpfung zusammenhängt.

Der eine Auftrag des Menschen: Offenbarung empfangen

Zu Beginn habe ich meine Überzeugung dargelegt, dass ich in dem von uns Menschen erfassbaren und erkennbaren Sein keinen Sinn sehen könnte, wenn ich es als absoluten Wert hinnehmen müsste, als, wie ich oben sagte, die Allexistenz, wenn ich es nicht in einem über es hinausreichenden und -weisenden Zusammenhang erfahren könnte, in dem ihm ein sinnvolles Ziel gesetzt ist.

Immanuel Kant, der überragende Philosoph des 18. Jahrhunderts, der Zeit der Aufklärung, spricht in seiner »Kritik der Urteilskraft« (Anhang. Methodenlehre der teleologischen Urteilskraft, § 87/424, Felix Meiner Verlag, Hamburg) von einer »Weltursache« und einem Endzweck im moralischen Sinne.

»Folglich müssen wir eine moralische Weltursache (einen Welturheber) annehmen, um uns gemäß dem moralischen Gesetz einen Endzweck vorzusetzen, und, soweit als das letztere notwendig ist, soweit (d. i. in demselben Grade und aus demselben Grunde) ist auch das erstere anzunehmen, nämlich es sei ein Gott.«

Kant untersucht in kritischer Auseinandersetzung unser Urteilsvermögen hinsichtlich der teleologischen Zusammenhänge der erkennbaren Wirklichkeit, das heißt der Zweckmäßigkeit und Zweckbestimmtheit ihrer Zusammenhänge, der Ketten von Ursachen und Wirkungen bzw. Zwecken in ihr. Er geht von einem »Welturheber« aus, der diese Kausalitätsketten in Bewegung gesetzt haben muss, der auch als ethisch-moralische Instanz zu sehen ist, wenn die in uns Menschen erkennbaren ethisch-moralischen Strukturen überhaupt einen Sinn haben sollen, das heißt, er sieht sie als sinnlos an, wenn dies nicht der Fall wäre, wenn es also eine solche Instanz als Welturheber nicht gäbe. Ist dies aber der Fall, so müssen alle Ketten von Ursachen und Wirkungen als Zwecken auch einen letzten Zweck haben, einen Endzweck. Kant äußert sich in einer Fußnote über seine Aussagen: »Dieses moralische Argument soll keinen objektiv gültigen Beweis vom Dasein Gottes an die Hand geben, nicht dem Zweifelgläubigen beweisen, daß ein Gott sei; sondern daß, wenn er moralisch konsequent denken will, er die Annehmung dieses Satzes unter die Maximen seiner praktischen Vernunft aufnehmen müsse. – Es soll damit auch nicht gesagt werden: es ist zur Sittlichkeit notwendig, die Glückseligkeit aller vernünftigen Weltwesen gemäß ihrer Moralität anzunehmen, sondern: es ist durch sie notwendig. Mithin ist es ein subjektiv, für moralische Wesen, hinreichendes Argument.«

Kant ist also der Meinung, dass jeder nach ethisch-moralischen Sinngebungen lebende Mensch von der Existenz Gottes und eines Endzwecks alles Daseins (Kant spricht von »Glückseligkeit«) ausgehen müsse.

Nehme ich nun einen von der »Welturursache«, von Gott, gesetzten derartigen »Endzweck« an, so gehe ich davon aus, dass auch meinem Leben (als dem eines vernünftigen Weltwesens) ein Zweck in dem auf einen Endzweck gerichteten Zweckgefüge zugrunde liegt. Mit anderen Worten: Welche Funktion haben wir Menschen in der erkennbaren Wirklichkeit, in der Schöpfung, welchen Auftrag hat uns Gott erteilt? Diese Frage stellt sich jedem bewusst lebenden Menschen geradezu als Herausforderung.

Ich gehe davon aus, dass Gott, das absolute Sein, der reine, über die Dimensionen Raum und Zeit erhabene unbegrenzte Geist, der Inbegriff aller Gesetzmäßigkeiten, das absolute Vermögen, die Vollkommenheit in sich, wollte, was er ist, konkret werden lassen, sichtbar machen (ich als Mensch muss es so sagen).

Er hat dies mit einem Teil seiner Gesetzmäßigkeiten (seiner Mächte und Gewalten) in der uns zugänglichen Schöpfung getan, indem er sie, eingebunden in Materie, in den gesetzten Dimensionen Raum und Zeit eigengesetzlich wirken lässt.

Dies ist für mich der eigentliche Vorgang »Offenbarung«: In der Schöpfung macht Gott (etwas) von sich offenbar, er zeigt sich, indem er konkret wird.

In dem Menschen hat Gott ein Wesen geschaffen (werden lassen), das aufgrund der in ihm angelegten geistigen Strukturen Offenbarung empfangen kann und das ihm aus seiner Schöpfung heraus Antwort geben kann und soll.

Selbst Geschöpf, an die Dimensionen Raum und Zeit und an die mit ihnen in der Schöpfung wirkenden Gesetzmäßigkeiten gebunden, begrenzt, in seinen Leib eingeschlossen, aus dem er nicht hinaus kann, aus Erde entstanden, das heißt von der Erde sein Leben nehmend (die Erde ist letzten Endes die Voraussetzung für unsere materielle und, wie ich oben schon darlegte, auch geistige Existenz, ohne sie könnten wir nicht leben), in die Erde zurückkehrend, in oft qualvoller Weise in die Schranken, die ihm gesetzt sind, eingeschlossen, ist der Mensch durch seine Sinne und seinen Geist (Gott gab ihm von seinen Geist), die in seine organische Materie eingebunden sind, doch fähig, Welt, Schöpfung in sich hereinzuholen, das Hereingeholte in seinem Geist zu verarbeiten, die in ihm wirksamen Gesetzmäßigkeiten zu erkennen, die erkannten Vorgänge miteinander zu verknüpfen, auf andere Vorgänge zu übertragen, aus allem Schlüsse zu ziehen, sich über die konkrete Wirklichkeit in eine abstrakte Gedankenwelt zu erheben.

Er vermag all diese Vorgänge mit Hilfe der Sprache und der ihm zur Verfügung stehenden Medien anderen Menschen mitzuteilen, und seine Mitmenschen sind in der Lage, seine Gedanken aufzunehmen, in der Art, wie er es tat, zu verarbeiten und selbst wieder anderen Menschen weiterzugeben.

Der Mensch kann seinen Geist aus sich hinausschicken, kann sich anderen Menschen mitteilen, mit ihnen Kommunikation herstellen. Ja, seine Gedanken können in Bruchteilen von Sekunden zu entfernten Galaxien gesandt werden, und – das ist in diesem Zusammenhang das

Wichtigste – er vermag, wie Immanuel Kant es von allen vernünftigen moralischen Weltwesen fordert, sich Gott als Welturheber sowie einen Endzweck der erkennbaren Wirklichkeit, der Schöpfung, als notwendige Voraussetzung ihrer Existenz vorzustellen.

Welch ein Wunderwerk ist der Mensch! Ich muss immer wieder darauf hinweisen, dass wir das Wunderbare, Großartige, Rätselhafte, das eigentlich Sensationelle in uns selbst und in unserem Umfeld, in der Schöpfung, vorfinden und dass wir dessen, was wir uns unter dem landläufigen Begriff »Wunder« vorstellen, gar nicht bedürfen, um uns das Göttliche vorzustellen. Leider haben wir uns, wie ich oben schon sagte, an die eigentlichen Wunder in der Schöpfung und in uns selbst so sehr gewöhnt, dass wir sie als das Normale, Alltägliche, Abgegriffene, Gewöhnliche, Unbedeutende ansehen und es auch so behandeln.

Dieses unvorstellbar feine Zusammenwirken von Gesetzmäßigkeiten in der Schöpfung, vor allem in uns Menschen als Individuen, in denen Materie und Geist zu einer einmaligen, unverwechselbaren Einheit vereinigt sind, ist eben nicht selbstverständlich. Das Zustandekommen dieses Komplexes allerfeinster, auf unerhört komplizierte Art ineinandergreifender und ineinanderwirkender Mechanismen, die in einem allumfassenden Gefüge von konsequent aufeinander abgestimmten Zweckmäßigkeiten, im unendlich Großen wie im unendlich Kleinen, eine Einheit bilden, die uns als Schöpfung begegnet, ist nach den Regeln unserer diesseitigen Erfahrung nicht zu erklären. Es weist über das Erfahrbare und Erkennbare hinaus in den Raum des diesseitig nicht Erfahrbaren und Erkennbaren. Und hierin sehe ich den primären Offenbarungsvorgang.

Dieser Vorgang kommt in mehr oder weniger intensiver Weise in jedem menschlichen Individuum zustande. Denn jeder von uns holt über seine Sinne die Schöpfung in seinen Geist herein. Alles, was ist und von uns erfasst und erkannt wird, existiert zwar außer uns, aber auch in uns, in unserer Vorstellung, in unserem Geist. Und jeder vernünftige, moralisch orientierte Mensch kann sich auf die oben dargelegte Weise Gott als Welturheber sowie einen Endzweck vorstellen.

Erregend ist der Gedanke daran, dass in jedem Menschen, zu jeder Zeit, die Schöpfung Gottes zum zweiten Mal entsteht, zwar in jedem auf unterschiedliche Weise, doch immer als die Einheit, als welche sie erscheint.

Mögen die Phänomene in ihr auch noch so groß bzw. klein sein, unsere Vorstellung vermag sie (gegebenenfalls mit entsprechenden technischen Hilfsmitteln) in ihren Proportionen zu erfassen und zu speichern, unser Geist vermag sie einzuordnen und zu verarbeiten. Konkrete wie abstrakte Zusammenhänge in ihr werden in unserem Geist nachvollzogen, registriert, begriffen, analysiert, zu Synthesen zusammengefasst. Dies alles geschieht in unserem Gehirn, dem Sitz unseres Geistes, das, von verhältnismäßig geringer räumlicher Größe, seine Energie eben auch nur, wie ich schon sagte, aus der Erde bezieht, die Gott als den Energiespender für alles Lebendige bereitet hat.

Es ist schon ein faszinierender Vorgang: Der Mensch, der seine materielle räumliche Grenze da hat, wo seine Haut seinen Körper umfasst, vermag alles, was ist, in sich noch einmal entstehen zu lassen, wodurch ihm Offenbarung zuteilwerden kann und in ihm der Glaube an Gott, den Schöpfer alles dessen, was er mit seinem geistigen Auge sieht und erkennt, entstehen und wachsen kann.

Zwar sieht und erkennt er, wie oben dargestellt, alles nur ausschnitthaft, unvollkommen, oberflächlich; er vermag nicht den Urgrund des Seins zu erfassen. Doch zielt sein Weltbild immer auf das Ganze ab.

Denn jeder Mensch, gleich welchem Kulturkreis oder welcher Epoche er angehört, ordnet das, was in ihn einfließt oder was in ihm vorgeht, seinem Erkenntnishorizont entsprechend, in einen hierarchischen Zusammenhang ein, der die gesamte in ihm entstehende Welt erfasst. Das heißt, er stellt in seiner Vorstellung eine Rangordnung der Dinge und Wesen her, die seinem Weltbild und dem seiner Zeit entspricht, und zwar nach dem Wertgefüge, das in seiner Zeit bzw. seiner Kultur entstanden ist.

Sehen wir das Bewusstsein aller Menschen als Ganzes, dann ergibt sich statt des individuellen, von dem Erkenntnishorizont des einzelnen Menschen abhängigen Weltbildes eine auch wieder auf das Ganze abzielende Weltsicht von, auf den Menschen bezogen, allerdings umfassendem Gehalt, die den historisch gewachsenen Bewusstseinszustand der gesamten

Menschheit darstellt, bezogen auf jene in allen Menschen aller Zeiten zum zweiten Mal entstandene Schöpfung.

Nun handelt es sich ja dabei auch wiederum nur um eine ausschnitthafte Sicht, wie aus dem Dargestellten hervorgeht. Und doch, welche Fülle an Geist liegt allein in der Menschheit vor, wobei man sich darüber im Klaren sein sollte – ich muss immer wieder darauf hinweisen –, dass selbst die gesamte Menschheit lediglich das Oberflächliche, Vordergründige des uns zugänglichen Ausschnitts erfassen und erkennen kann.

Man sollte diesen Gedanken ruhig einmal in aller Konsequenz weiterdenken: Gäbe es die Menschheit nicht, gäbe es nicht jedes einzelne denkende und empfindende Subjekt, hätte es nicht Menschen seit Jahrtausenden gegeben, so hätte es auch nie jene zweite Schöpfung, jene innere Welt, die in jedem Einzelnen von uns neu entsteht nach dem Willen des Schöpfers, gegeben. Es gäbe zwar all die Gesetzmäßigkeiten, durch die die Schöpfung existiert und in Gang gehalten wird, aber die Replik eines Wesens, das in diese Gesetzmäßigkeiten eingebunden ist, das aber, kraft seines Geistes nach dem Ebenbild seines Schöpfers, diesem Schöpfer eine bewundernde Antwort aus der Schöpfung heraus zurufen kann, gäbe es nicht.

Zu diesem Zweck hat Gott – so sehe ich es – uns Menschen so geschaffen, wie wir sind, damit sein Geist uns in seinen Werken offenbar werde und wir als Geschöpfe uns seiner wunderbaren Werke bewusst werden, damit wir seine Schöpfung erleben. Daraufhin sind wir Menschen angelegt, unsere körperlichen und geistigen Strukturen sind auf diese Funktion hin in einer Weise konstruiert, wie sie effektiver nicht gedacht werden kann.

Ich muss in dem dargestellten Zusammenhang noch einmal auf die oben zitierte Stelle aus dem Römerbrief zurückkommen. Paulus schreibt: »Ist doch, was sich von Gott erkennen lässt, in ihnen offenbar ...« Der oben beschriebene Offenbarungsvorgang ist hier in knappster Form gekennzeichnet.

In dem Nebensatz (was sich von Gott erkennen lässt) fasst Paulus die erfassbare und erkennbare Schöpfung aus der Sicht des jeweiligen Erkenntnishorizontes zusammen. In dem Hauptsatz (ist doch in ihnen offenbar) spricht er ebenjene zweite Wirklichkeit in jedem menschlichen Individuum an (»ihnen« bezieht sich auf »Menschen«).

Bemerkenswert hinsichtlich ihrer Aussageabsicht ist bei diesem Satz die durch unsere Denkschemata bedingte syntaktische Konstruktion. Die zweite Wirklichkeit in uns ist im Hauptsatz ausgedrückt, die konkrete äußere Wirklichkeit, die Schöpfung selbst also, im Nebensatz.

Der Kernpunkt der Aussage liegt infolgedessen auf der inneren Wirklichkeit, der Offenbarung. Doch ergibt der Hauptsatz ohne den Nebensatz keinen Sinn, weil dieser als sogenannter Inhaltssatz das beinhaltet, was die Aussage des Hauptsatzes näher kennzeichnet. Der Nebensatz erhält seinen Sinn aber auch erst durch den Hauptsatz.

An dieser syntaktischen Ambivalenz wird das eigenartige Verhältnis, in das Gott uns hinsichtlich seiner Schöpfung gestellt hat, deutlich aufgezeigt. Diese ergibt erst durch uns Menschen einen Sinn, weil wir, selbst Geschöpfe, zugleich die einzigen Offenbarungsempfänger im eigentlichen Sinne sind. Auf uns hin scheint mir die Schöpfung angelegt.

Ich halte es für ausgesprochen müßig, darüber zu streiten, ob es im Universum noch andere intelligente Wesen gibt, die wie wir von Gott als Offenbarungsempfänger vorgesehen sind. Möglicherweise ist dies der Fall. Nach unserem augenblicklichen Erkenntnisstand jedoch zielt die Schöpfung allein auf die Offenbarung in uns Menschen ab, und die eben angesprochene Frage wird eigentlich erst durch ihre wissenschaftliche Beantwortung relevant. Sollte die Antwort irgendwann einmal positiv ausfallen, so müssen wir uns darauf einstellen.

Wenn die Schöpfung Gegenstand der Offenbarung ist, dann gilt dies auch für unsere Welt, denn an sie denken wir ja in erster Linie, wenn wir das Wort »Schöpfung« aussprechen.

An dieser Stelle muss ich in aller Deutlichkeit und mit aller Entschiedenheit auf das meines Erachtens katastrophale Missverständnis aufmerksam machen, das sich aus dem verschwommenen und doppelbödigen Gebrauch des Begriffes »Welt« und den mit ihm verbundenen Vorstellungen ergeben hat.

Zum einen wird im christlichen Sprachgebrauch mit diesem Begriff, wie es mir auch als durchaus zutreffend erscheint, die erfahrbare und erkennbare Schöpfung gemeint, soweit sie unseren Planeten Erde betrifft. Zum anderen wird aber auch mit diesem Begriff das den göttlichen Vorstellungen Zuwiderlaufende gekennzeichnet, menschliche Umstände und Zustände, die als sittlich und moralisch ausgesprochen verdorben gebrandmarkt werden.

Das Fatale an dieser Doppelbödigkeit ist, dass, zumal in unverständigen Gemütern, eine klare begriffliche Trennung eben nicht vorgenommen wird, ja, dass beide Bedeutungen im negativen Sinne sogar gleichgesetzt werden. Wenn also in einem christlich religiösen Umfeld die Wörter »weltlich« bzw. »Welt« fallen, so stehen sie zumindest in einem Gegensatz zu »geistlich« bzw. »Geistlichkeit«, in der Regel mit einem abwertenden Unterton, wenn nicht gar mit dem Geruch des möglicherweise moralisch Negativen.

Abgesehen davon, dass durch dieses Gegensatzpaar »geistlich« – »weltlich«, besonders in der katholischen Gedankenwelt, eine Zweiklassengesellschaft impliziert wird, mit fein abgestuften Qualifizierungen, kommt der Gebrauch des Begriffs »Welt« mit der oben beschriebenen negativen Bedeutung einer Gotteslästerung gleich. Denn: Was Gott geschaffen hat, darf nicht im Geringsten mit dem Geruch des Bösen behaftet sein, was aber nur zu leicht durch die Nähe dieses zweiten Bedeutungsfeldes gegeben ist.

Bei diesem bedeutet nämlich »Welt« die Zustände, Umstände und Vorgänge, die sich, auch als Folge der historischen Entwicklung, hinsichtlich der innermenschlichen und zwischenmenschlichen Strukturen jeweils ergeben haben und ergeben. Hier ist das angesprochen, was der Mensch aus sich selbst, aus der Menschheit und aus der ihm anvertrauten Schöpfung jeweils gemacht hat und auch heute noch macht. Hier ist mit allem Guten, das ohne Zweifel in dem Werk des Menschen vorliegt, eben auch das Schlechte sowie das Böse gekennzeichnet, das sich zu allen Zeiten und auch heute noch in dem, was vom Menschen ausgeht, ergeben hat und ergibt. Die von unserem menschlichen Fehlverhalten herrührenden Missstände mit dem Wort »Welt« zu benennen und sich dabei der den griechischen bzw. lateinischen Begriffen »kosmos«, »äon« bzw. »mundus« zugrunde liegenden differenzierten Bedeutungsfelder nur in theologischen Fachkreisen bewusst zu sein, war meines Erachtens eine Fehleinschätzung, deswegen, weil durch das Verschwommenhalten der Bedeutung dieses Wortes eine falsche Einstellung unseres Bewusstseins eingeleitet wurde.

Das Dilemma ist – so sehe ich es – also wieder auf Gedankenlosigkeit und Unkorrektheit bei den Deutungs- und Übersetzungsvorgängen zurückzuführen, möglicherweise auch auf ideologische Borniertheit. Hier handelt es sich um einen ähnlichen Sachverhalt wie bei dem Wort »logos«.

Das griechische Wort »kosmos« kann folgende Bedeutungen haben: Einrichtung, Bau(art), Ordnung, Gebühr, Anstand, Regelmäßigkeit, bestehende Verfassung, Weltall, Welt, Erde, Menschheit, jedermann, aber auch Schmuck, Zierde, Zierrat, Putz, Lob, Ruhm, Ehre, das Wort »äon«: Zeit(dauer/raum), Weltzeit, Menschenalter, Leben(szeit), Ewigkeit, Zeitgeist, Welt(lauf),

das lateinische Wort »mundus«: Putz der Frauen, Putzgerät, Gerät, Weltall, Erde, Erdball, Menschheit, Himmel.

Wir erkennen das breite Bedeutungsfeld der drei Begriffe sowie die in ihm zur Geltung kommenden gegensätzlichen Bedeutungsbereiche. Bei allen drei Wörtern finden wir die Bedeutung »Welt«, bei »kosmos« und »mundus« auch die Bedeutung »Weltall«, aber bei allen auch Bedeutungen aus dem Bedeutungsfeld »Mensch«: »Menschenalter«, Menschheit«, ja bei »kosmos« und »mundus« sogar Bedeutungen, die die menschliche Eitelkeit kennzeichnen.

Wie wir sehen, sind in den griechischen Wörtern und den lateinischen Bedeutungen aus dem Bereich Schöpfung und aus dem Bereich Mensch und sein Umfeld enthalten, wobei man unterscheiden muss, dass zum einen der Mensch selbst Geschöpf ist, also in den Bereich Schöpfung gehört, dass von ihm zum anderen alles Negative in der Welt ausgegangen ist. In der biblischen Sprache wird die negative Bedeutung übrigens mit dem Zusatz »dieser« (kosmos), »dieser« (äon) näher gekennzeichnet (Rahner/Vorgrimler, Kleines Theologisches Wörterbuch).

Es ist mir unverständlich, warum hier bei der Sprachfindung angesichts des erheblichen Bedeutungsunterschiedes nicht sauberer verfahren wurde. Denn es ist ein geradezu paradoxer Zustand hinsichtlich der Bedeutung des Wortes »Welt« entstanden: Das, was ohne Makel vorgestellt werden muss (die Welt als Schöpfung Gottes), wird im geistlichen Sprachgebrauch, und damit im Bewusstsein der abendländischen Menschen (das abendländische Denken ist weitgehend von der Bibelspräche her geprägt), mit der Vorstellung des möglicherweise Schlechten, des Bösen gleichgesetzt.

Ich habe oben mit Absicht von jener zweiten Schöpfung, jener zweiten Welt, die in jedem Menschen neu entsteht, gesprochen. Ich meine damit alles, was vom Menschen aufgefasst, gespeichert, gedacht und als Gedachtes gespeichert werden kann, also alles Existierende, wobei auch die Vorstellung von Gott in diese innere Wirklichkeit miteinbezogen ist. Ich habe das deshalb getan, weil dadurch die Spiegelbildhaftigkeit dieses Vorganges besonders deutlich wird. Um Missverständnissen aus dem Wege zu gehen, gebrauche ich für diesen Zusammenhang von nun an die Begriffe »äußere« und »innere Wirklichkeit«.

Alles, von dem wir aufgrund unserer Sinneseindrücke, Empfindungen, Erfahrungen, Vorstellungen und Gedanken annehmen müssen, dass es außerhalb unserer eigenen, jeweils individuellen Existenz existiere – hierbei ist sogar unser eigener Körper miteingeschlossen –, ist unsere äußere Wirklichkeit. Manche Philosophen (z. B. Descartes) stellen diese über unsere Sinne vermittelte äußere Wirklichkeit übrigens als durchaus fragwürdig hin und gehen von unserem Denken als einzig verlässliche Größe aus: »Cogito, ergo sum« (Ich denke, also bin ich).

Das Bild, das in jedem Einzelnen von uns von dieser äußeren Wirklichkeit entsteht, ist die innere Wirklichkeit. Durch diese erfahren wir, was außer uns ist. Sie liefert uns letzten Endes die Grundlage für unsere körperliche und geistige Existenz; auf ihr gründen sich unser Denken und Handeln.

Dieses Spiegelbild von der Schöpfung und von Gott ist in jedem Menschen von einmaliger, originaler Struktur. In jedem von uns entsteht sie anders und ist infolgedessen auch von anderer Wesensart. Denn jeder von uns Menschen hat seine eigenen, nur für ihn als Individuum geltenden räumlichen und zeitlichen Koordinaten und existiert aufgrund einer Fülle von einmaligen genetischen, umweltbedingten und historischen Voraussetzungen, Einflüssen und Zwängen.

So *er*lebt jeder die äußere Wirklichkeit anders, weil sie eben anders in ihm entsteht. So gehen z. B. von den unterschiedlichen Landschaftsformen dieser unserer Erde, von den verschiedenen Sprachen, von den verschiedenen Kulturen und Gesellschaftsformen, den Gesellschaftsschichten, den politischen Zuständen und Verhältnissen, von den verschiedenen Familien, den verschiedenen Eltern und Geschwistern, überhaupt von allen Menschen, die zu dem Umfeld eines Individuums gehören, von scheinbar zufälligen Ereignissen und vielem anderen mehr gerade auf den jungen Menschen – aber nicht nur auf den – entscheidende Einflüsse aus, die neben seinen Erbanlagen und der Zeit, in der er lebt, seinen Charakter, sein Wesen und seinen Lebenslauf bestimmen.

Das heißt mit anderen Worten: Jedem Menschen offenbart sich Gott auf eine andere, einmalige, originale Weise. Dies beinhaltet natürlich lediglich das Prinzip des Offenbarungsvorganges; von jedem einzelnen Menschen hängt es ab, was er daraus macht, ob und wie er das Geoffenbarte annimmt und weitergibt.

In diesem Zusammenhang ist das, was wir Kommunikation nennen, von größter Wichtigkeit; denn dadurch, dass wir über die uns zur Verfügung stehenden Medien (Sprache, Schrift, Bild, Musik) miteinander in Verbindung treten, das, was in uns ist, nach außen geben, den anderen Menschen zugänglich machen, vermitteln wir ihnen auch unsere innere Wirklichkeit, auch das, was Gott jedem Einzelnen von uns geoffenbart hat.

Unter diesem Aspekt sind eigentlich alle Lernprozesse zu sehen, vom Prinzip her natürlich; denn nicht alles, was gelehrt und gelernt wird, ist unter Offenbarung Gottes einzuordnen. Hier bewegen wir uns in dem Bereich dessen, was wir mit »Schuld« bezeichnen (ich werde später darauf näher eingehen).

Ohne Zweifel dient jedoch Kommunikation in hohem Maße der Offenbarung. Denn die unzähligen originalen inneren Wirklichkeiten aller Zeiten und auch der Gegenwart stehen in einem ständigen Austausch. Man kann sagen, dass eigentlich alle Menschen in einer ungeheuren Kette durch die Zeiten und in der Gegenwart miteinander verbunden sind und einen Komplex innere Wirklichkeit, Offenbarung, darstellen. Dies ist natürlich überspitzt ausgedrückt und von der Idee her gesehen. Zudem gilt hier – und ich muss dies ausdrücklich betonen – die Einschränkung, die ich oben gegenüber dem Schuldhaften ausgesprochen habe.

Man muss hier von einem umfassenden Prozess geistiger Befruchtung sprechen, den Gott, um sich zu offenbaren, in der Menschheit in die Wege geleitet hat. Er wollte, so muss ich annehmen, Offenbarung auch durch Entwicklung, Entwicklung des menschlichen Geistes.

Spätestens jetzt werden die Theologen nach der Offenbarung durch das Alte Testament und durch Jesus Christus, Gottes eingeborenen Sohn, fragen, die sie als die eigentliche ansehen. Ich habe bislang von der »natürlichen« unserem menschlichen Wesen eingebundenen Offenbarung gesprochen, die – das muss man ganz klar sehen – den Menschen als ein, aus Gottes Sicht, ideales Wesen voraussetzt. Hätten sich die Menschen von Anbeginn so verhalten, wie es die von Gott in sie hineingelegten Offenbarungsstrukturen und natürlichen Verhaltensregeln von ihnen erwarten, wären sie von Anbeginn ihrer Vernunft gefolgt, so wären die beiden anderen Offenbarungsvorgänge nicht notwendig geworden.

Da sie aber – und auch das hat Gott in ihnen angelegt – sich schuldhaft verhalten können und verhalten haben, hat Gott von Anbeginn in seiner allwissenden Voraussicht sein eigenes Eingreifen durch die beiden Offenbarungsvorgänge, die wir im Alten und Neuen Testament erleben, als notwendige Hilfen für seine Geschöpfe, für uns Menschen, vorgesehen. Er selbst greift ein, um uns Menschen den Weg zu zeigen, uns auf die von ihm vorgesehene Bahn zu leiten.

Da diese beiden Offenbarungsvorgänge also mit dem Komplex »Schuld« in einem notwendigen Zusammenhang stehen, möchte ich über sie auch erst in diesem Zusammenhang reden.

Der andere Auftrag des Menschen: in Freiheit (als Individuum) Zukunft bewältigen (Welt gestalten)

Gott hätte, um sich zu offenbaren, vollkommenere Wesen als den Menschen in seine Schöpfung einbinden können, Wesen, denen er sich hätte leichter, unmittelbarer, effektiver, problemloser darstellen können als uns – trotz der wunderbar angelegten körperlich geistigen Konstitution – doch sehr unvollkommenen, eben mit der Möglichkeit zur Schuld belasteten, mit körperlicher und geistiger Begrenzung behafteten und dadurch behinderten Individuen.

Er hätte zu diesem Zweck Intelligenzen ins Leben rufen können, die seine Gesetzmäßigkeiten in direkter Weise, ohne die durch den uns auferlegten Erkenntnisvorgang bedingten Umwege, hätten erkennen können, die auch tiefer in das Sein hätten eindringen können. Er hätte anstelle von uns Menschen Wesen schaffen können, die immer in seinem Sinne richtig gedacht und gehandelt hätten, bei denen ein Fehlverhalten ausgeschlossen gewesen wäre, Wesen aus der Vorstellungswelt der Sciencefiction-Romane und -Filme.

Gott wollte solche Wesen nicht, er wollte den Menschen so, wie er ist, und zwar deswegen, weil nur durch die spezifische Konstellation der in ihm angelegten Strukturen, wie ich schon darlegte, Offenbarung zustande kommen kann, wie er sie will.

Vergegenwärtigen wir uns diese Strukturen sowie deren Voraussetzungen. Da sind zunächst einmal der Raum und die Zeit als Grundbedingungen aller dem Menschen erfahrbarer Existenz. Wir erfahren diese Dimensionen als unlösbar auferlegte Fesseln, die mit unerbittlicher Strenge alles, was geschieht, in ihre Zuordnungen zwingen.

Alles, was von uns Menschen erfahren, gedacht oder vorgestellt werden kann, ist eingebunden in die drei Dimensionen des Raumes (Höhe, Breite, Länge) und die Zeit als vierte Dimension. Nichts lässt sich von uns Menschen ohne die eigenartige, faszinierende Relation, die sich aus dem Räumlichen im Zusammenspiel mit dem Zeitlichen ergibt, erfahren, denken bzw. vorstellen.

Raum, als Voraussetzung alles Körperlichen, der Materie, auch der räumlichen Konstruktion, ist Ausdehnung in allen Richtungen bis zu den Grenzen unserer Vorstellung, dem Unendlichen.

Zeit, als Nacheinander von Vorgängen und Zuständen (im Raum), ist Ablauf, ebenfalls bis hin zu den Grenzen unserer Vorstellung, dem Ewigen. Bei dieser Dimension können wir nur die eine Richtung erkennen: aus der Vergangenheit über die nur als Augenblick, als Nu, erfahrbare Gegenwart in die Zukunft.

Beide, die räumliche und die zeitliche Dimension, haben miteinander gemein, dass sie bis an die Grenzen unserer Vorstellung reichen, besser gesagt, dass sie unsere Vorstellungen übersteigen. Auf diese höchst interessante Eigenart werde ich später noch eingehen müssen.

Raum und Zeit lassen sich auch als voneinander unabhängige Wertigkeiten denken (wir können z. B. mit den Maßeinheiten der Zeit und des Raumes, die jeweils unabhängig voneinander gesehen werden, mathematische Aufgaben lösen), doch werden sie von uns in der Realität als in unlösbarer Abhängigkeit zueinander stehende Größen erfahren: Alles Körperliche im Raum ist der Veränderung unterworfen, und eine solche kann nur in der Zeit geschehen. Zeit ohne die räumliche (körperliche) Komponente verliert für uns ihren Sinn, ihre Wesenheit, wird irrelevant.

Diese Konstellation, die einer Konstruktion gleicht, ist die Grundlage für Evolution, wie wir sie an allem Seienden erkennen müssen.

Von Anbeginn haben die Menschen die Vertikale und die Horizontale sowie die Perspektive in der Vorstellung »Raum« einerseits, Dauer in ihren mannigfaltigen Erscheinungsformen in der Vorstellung »Zeit« andererseits erfahren und bewältigen müssen. Beide Grundbedingungen unseres Daseins befinden sich in einem ständigen Zusammenspiel, das sich nach außen hin als Bewegung zeigt. Und Bewegung ist im Grunde genommen das Prinzip der Bewältigung der Zukunft. Nichts von dem, was wir in die Zukunft hinein unternehmen, geschieht ohne Bewegung.

Unser Bewusstsein wie unser Unterbewusstsein sind bis ins Kleinste geprägt durch Zwänge, die sich aus diesem Eingebundensein in die Dimensionen Raum und Zeit ergeben, die unserem Sein auferlegt sind; denn alles, was über unsere Sinne in uns hereingelangt und was in uns Wirklichkeit entstehen lässt, innere Wirklichkeit – ich habe den Vorgang oben dargelegt –, die maßgeblich an dem Entstehen unseres Bewusstseins wie unseres Unterbewusstseins beteiligt ist, die gesamte von uns erfahrene Existenz also, ist nur im Zusammenhang mit diesen Dimensionen vorstellbar.

Ebenso ist alles, wodurch wir uns nach außen hin mitteilen – geprägt durch diese innere Wirklichkeit – notwendigerweise an sie gebunden. Ohne sie ist Vorstellung in uns nicht möglich.

An dem allen Menschen unter gleichen Bedingungen zugänglichen Medium Sprache wird dies am augenfälligsten deutlich.

In ihr nehmen die Vorstellungskomplexe »Höhe – Tiefe«, »Ausdehnung«, »Bewegung«, »Dauer« einen breiten Raum ein. Die metaphorische Redensart »einen breiten Raum einnehmen« zeigt, dass wir mit Hilfe der Raum-Zeit-Vorstellung nicht nur konkrete Sachverhalte sprachlich darstellen können, sondern auch Abstraktes im übertragenen Sinne sprachlich erfassen und an andere weitergeben können.

So haben Erfahrungen, die die Menschen seit Urzeiten z. B. mit der Vorstellung »hoch – tief« als Begriffspaar, der vertikalen Dimension also, gemacht haben, dazu geführt, dass unsere gesamte Vorstellungswelt und damit auch unser Denken, unsere innere Wirklichkeit also, weitgehend von ihm geprägt ist, was sich an der Sprache in beeindruckender Weise ablesen lässt.

Mit der Vorstellung »hoch« sind die Vorstellungen »wachsen«, »an Höhe gewinnen«, »über jemandem stehen«, »Überschau haben«, »überlegen sein«, »nach Hohem streben«, »hohe Gesinnung haben«, »Licht« (Sonne), »Wärme«, »Regen« als Lebensspender u. a. m. verbunden, davon ausgehend »das Gute«, »die Freiheit«, »die Macht«, »das Göttliche«, alles Vorstellungen mit positiver Bedeutung. Das rührt wahrscheinlich von der Erfahrung her, dass »Höhe« und »Größe« mehr Nutzen haben als das Gegenteil.

Hinter der Vorstellung »tief« verbergen sich Erfahrungen wie »kleiner sein«, »ohne Überschau sein«, »unterlegen sein«, »fallen«, »umsinken«, »Tod« (Grab), »Dunkelheit« (in der Erde), »gefährliches Feuer« (im Erdinnern), überhaupt »Gefahr« u. a. m.; davon ausgehend haben sich die Vorstellungen »unterlegen sein«, »unfrei sein«, »der Mangel an Macht«, »das nicht Gute«, »niedrige Gesinnung« usw. gebildet.

Zugleich kann »tief« aber auch die Bedeutungen von »in Verborgenes eindringen«, »Erkenntnisse erwerben«, »Festigung eines Verhältnisses«, »innerer Reichtum« bedeuten.

Wir sehen an diesen Beispielen, wie konkrete Raumvorstellungen sich auf pragmatische, ethisch-moralische und religiöse Wertvorstellungen übertragen und ihre Inhalte auszudrücken helfen.

Untersucht man die Sprache daraufhin, so entdeckt man erstaunliche Zusammenhänge. Vor allem wird einem deutlich vor Augen geführt, in welchem Umfang die Dimensionen »Raum« und »Zeit« unser Empfinden und unser Denken beherrschen und steuern.

Über die Sprache beherrschen sie natürlich auch die Dichtung und die Literatur. Dass sie bei den bildenden Künsten eine Rolle spielen, liegt auf der Hand. Zwar steht die Dimension Raum hier im Vordergrund, jedes Bild und jede Plastik ist entweder dargestellter Raum oder darüber hinaus auch gestalteter Raum. Doch ist jedes bildnerische Werk auch zunächst einmal fixierte, festgehaltene Bewegung (auch die scheinbar ruhenden Darstellungen), und Bewegung ist Veränderung in der Zeit.

Bei der Musik scheint auf den ersten Blick lediglich die Zeitdimension als Gestaltungsmaßstab beteiligt zu sein, denn jedes Musikstück ist ein Ablauf in der Zeit. Igor Strawinsky schreibt in seinen »Erinnerungen«:

Die Musik ist der einzige Bereich, in dem der Mensch die Gegenwart realisiert. Durch die Unvollkommenheit unserer Natur unterliegen wir dem Ablauf der Zeit, den Kategorien der Zukunft und der Vergangenheit, ohne jemals die Gegenwart »wirklich« machen zu können, also die Zeit stillstehen zu lassen.

Das Phänomen der Musik ist uns zu dem einzigen Zweck gegeben, eine Ordnung zwischen den Dingen herzustellen und vor allem eine Ordnung zu setzen zwischen dem Menschen und der Zeit.

Der Mensch, der Musik realisiert, muss sich aufs intensivste mit Ordnungen zeitlicher Abläufe, den Metren und Rhythmen, auseinandersetzen, wenn er sich dem Hörer, der diese Ordnungen vom Gefühl her nachvollzieht, glaubhaft mitteilen will. Die Gestaltung kleinster zeitlicher Maßeinheiten ist in der Musik, sowohl was den Zusammenklang, die Harmonie, als auch das Nacheinander der Töne, die Melodie, anbetrifft, äußerst differenziert und kompliziert. Dies wird deutlich, wenn man sich bewusst macht, wie viele Töne bei einem virtuosen Spiel in einem schnellen Tempo in einer Sekunde in eine zeitliche Ordnung gebracht werden müssen. Hier ist sowohl der Künstler als auch der Hörer nahe dran, den Augenblick, den Nu, zu erleben, ihn als Zeitgröße zu empfinden.

In den Aussagen von Igor Strawinsky wird der Zusammenhang Musik – Zeit in bedeutsamer Weise dargelegt. Doch auch die Raumdimension beherrscht die Musik in hohem Maße. Allein der Begriff »Tonhöhe« und die mit ihm verbundenen Vorstellungen deuten an, dass das Räumliche bei der Musik mit im Spiel ist.

Zwar haben wir uns daran gewöhnt, Höhe und Tiefe, was die Musik angeht, als mehr oder weniger technische Wertigkeiten anzusehen, doch die vielen Belege aus dem Bereich der wortgebundenen Musik und der sogenannten Programm-Musik, an denen deutlich wird, dass die Komponisten »Höhe« und »Tiefe« des Klanges als Mittel der Darstellung wählen, weisen auf die Bedeutung hin, die der räumlichen Dimension auch in der Musik zukommt.

Nur liegen diese Zusammenhänge hier im Allgemeinen eben nicht so fassbar auf der Hand wie bei den anderen Künsten, zumal das Räumliche in der Musik (als akustisches Phänomen) immer eine Analogie bleiben muss, solange nicht eindeutig geklärt ist, warum wir ein Mehr an Schwingungen als »höher« und ein Weniger als »tiefer« empfinden und bezeichnen.

Fest steht jedenfalls, dass die sogenannten »rhetorischen Figuren«, die die Komponisten der Barockzeit in ihrer wortgebundenen (vokalen) Musik systematisch als Mittel der Darstellung des Textgehalts verwenden, eine unmittelbare Beziehung zu den Dimensionen »Raum« und »Zeit« aufweisen. Die barocke Rhetorik ist sicher das Ergebnis einer Jahrhunderte andauernden Entwicklung, und wir müssen feststellen, dass sich diese Entwicklung bis in die Gegenwart hinein fortsetzt.

An der Art und Weise, wie sich die Künste bei ihren Gestaltungsvorgängen der Dimensionen »Raum und »Zeit« bedienen, können wir ermessen, wie sehr diese beiden grundlegenden Wertigkeiten unseres Daseins unser Bewusstsein beherrschen und wie stark wir in allen unseren Äußerungen (bis hin zur künstlerischen Aussage) an sie gebunden sind.

»Raum« und »Zeit«, so müssen wir zunächst einmal sagen, sind für uns der Inbegriff des Realen, bilden den eigentlichen Rahmen für unser Leben, sind die Wirklichkeit schlechthin. Immanuel Kant nennt sie Anschauungsformen a priori.

Sie sind für uns Garanten des Messbaren, des Rationalen, sie geben unserem Bewusstsein als einzige konkrete Wertigkeiten absolute Sicherheit, Bürgschaft, Zuverlässigkeit, so scheint es wenigstens; es trifft auch zu für Bereiche, die für uns überschaubar sind. Die Relativitätstheorie lehrt uns, dass dieses Zusammenspiel des Messbaren von »Raum« und »Zeit« nicht bei sehr hohen Geschwindigkeiten im Weltraum gilt.

Dass wir diese beiden Größen in für uns überschaubaren Verhältnissen als so sichere Wertigkeiten ansehen können, liegt eben daran, dass sie ihrem Wesen nach messbar und konstruierbar sind, dass wir Maßeinheiten an sie anlegen können, dass wir das Phänomen Zahl auf sie anwenden können, dass unser Bewusstsein mit ihnen rechnen, umgehen, sie begreifen kann.

In einem anderen Zusammenhang wird es sich als notwendig erweisen, darüber nachzudenken, inwieweit »Raum« und »Zeit« als absolut zu sehen und anzuerkennen sind, nämlich hinsichtlich der Vorstellungen »ewig« und »unendlich«. –

Als in Raum und Zeit eingebundenes Wesen lebt der Mensch in der Schöpfung, ist Bestandteil von ihr, ist kein Wesen von außerhalb, von der Geburt bis zum Tod in sie hineingezwungen ohne Abstand von ihr, selbst betroffen von allem Kreatürlichen, sozusagen vereinnahmt von dieser Schöpfung.

Er fühlt und weiß, was Kreatur sein bedeutet, wie jedes geschaffene Wesen, doch er ist sich der Existenz und Nähe Gottes, seines Schöpfers, zunächst nicht bewusst, erkennt auch zunächst gar nicht, was Gott von ihm und mit ihm will; denn Gott zeigt sich ihm ja, wie wir gesehen haben, nicht direkt, er spricht den Menschen nicht direkt an, hält sich verborgen, ist scheinbar unendlich fern.

In dieser Schöpfung, dem ungeheuren Wechselspiel von Raum und Zeit, ist der Mensch auf sich selbst gestellt. Er muss sich in einem oft sehr harten Kampf seinem Umfeld gegenüber behaupten. Gott hilft ihm nicht sichtbar, und wenn der Mensch Gottes Hilfe spürt, so handelt es sich nicht um ein Erkennbares, sondern um eben etwas Spürbares. Der Mensch ist eben voll und ganz integriert in diese Schöpfung.

So hat sich sein Körper aus den Lebensformen dieser Schöpfung entwickelt, aus niedrigeren animalischen Stufen, seine Lebensvorgänge gleichen den animalischen Lebensvorgängen, er unterscheidet sich von den Körpern der anderen (von der Entwicklung her ihm vergleichbaren) Lebewesen nur durch den vollentwickelten aufrechten Gang, das größere Gehirn, durch »feinere« Gestalt und durch freiere und »feinere«, auch vielfältigere, weil beliebige, Bewegungsabläufe.

Auch die Sinnesorgane, durch die die Schöpfung, die äußere Wirklichkeit, in den Menschen hereingelangt, entstammen dem Animalischen, sind Zurechtentwicklungen aus eigentlich primitivsten Daseinsstufen des Lebendigen. Ich gehe davon aus, dass alle Lebewesen in einer jeweils ihnen adäquaten Weise die Fähigkeit besitzen, Schöpfung in sich einzulassen, sie in sich aufzunehmen, natürlich ohne sich ihrer bewusst zu werden wie wir Menschen.

In diesen dem Animalischen entstammenden menschlichen Körper eingebunden, scheinbar unlösbar mit ihm verknüpft, ist der menschliche Geist, das Vermögen, wie ich oben schon darstellte, die über die Sinnesorgane in den Menschen eingedrungene äußere Wirklichkeit, die Schöpfung, zu speichern, zu sichten, zu ordnen, zu systematisieren, in ihren Gesetzmäßigkeiten zu erkennen, diese neu zu organisieren, sie auf neue Zusammenhänge anzuwenden.

Darüber hinaus vermag der menschliche Geist sich über die konkreten Zusammenhänge, das Körperliche, das Materiale zu erheben und mit Hilfe der den Denkvorgängen zugrunde liegenden Gesetzmäßigkeiten in dem Raum der Abstraktion Denkleistungen zu erbringen, die ihn bis zu dem Urgrund der Dinge, bis zu Gott führen.

Der menschliche Geist versetzt den Menschen in die Lage, sich seiner Existenz, aller Existenz überhaupt, bewusst zu werden, was den anderen Lebewesen versagt zu sein scheint; sie haben kein Ich-Wertgefühl und sind in ihren Handlungsabläufen ihren Trieben und ihrem Instinkt unterworfen.

Hinzu kommt das Vermögen, Wertigkeiten zu erkennen, zu beurteilen und zu setzen, zwischen »richtig« und »falsch«, »gut« und »böse« zu unterscheiden, last not least das Vermögen, nach eigener Vorstellung und Entscheidung handelnd in das Weltgeschehen einzugreifen, nicht nur nach der Maßgabe »richtig« oder »falsch«, »gut« oder »böse«, sondern nach eigener Vorstellung und Entscheidung.

Die letztgenannten Vermögen zeichnen den Menschen wohl einerseits vor den anderen Lebewesen aus, sie sind jedoch auch die Ursache für alles »Falsche« und »Böse«, das neben dem »Richtigen« und »Guten« auf unserer Welt geschehen ist und geschieht. Über diese Vermögen werden wir im weiteren Verlauf noch nachzudenken haben.

Wenn wir den Geist eines jeden Menschen als »unabhängige Einheit« auffassen, dann fühlen wir uns gehalten, von »Freiheit« als einem Merkmal dieser Unabhängigkeit zu sprechen. Ich betrachte diesen Begriff mit erheblicher Skepsis und werde auf seine Fragwürdigkeit zu gegebener Zeit noch näher eingehen. Zunächst einmal gebrauche ich ihn, weil er in dem hier vorliegenden Zusammenhang der landläufigen Anschauung entspricht. Man sollte ihn aber auch hier schon, im Verlauf dieser Überlegungen, nur unter Vorbehalten zur Kenntnis nehmen und nicht mit dem Anspruch der Absolutheit, der von ihm ausgeht.

Freiheit hinsichtlich unserer Gedanken, Empfindungen und Handlungen, freier Wille, erscheint uns als eine der Grundstrukturen unserer menschlichen Existenz, und wir betrachten sie als eines unserer unveräußerlichen Güter.

Wir setzen alles daran, um Freiheit für uns durchzusetzen; und alle Vorgänge im innermenschlichen und zwischenmenschlichen Bereich sind, wenn man ihre Kausalzusammenhänge konsequent durchdenkt, letzten Endes initiiert und getragen von dieser unserem Wesen (wie es scheint) eigenen Grundstruktur.

Ich werde, wie gesagt, im weiteren Verlauf untersuchen, inwieweit Freiheit für uns Menschen ein absoluter Wert ist. Nur so viel sei schon jetzt gesagt: Unsere Entscheidungen, die wir freie Entscheidungen nennen, werden mitbestimmt durch eine Vielzahl von äußeren und inneren Zwängen. Trotzdem bleiben diese Entscheidungen von unserer Vorstellung her, das heißt subjektiv, frei.

Jeden Augenblick sind wir gezwungen, uns für etwas, das im nächsten Augenblick geschehen soll, zu entscheiden. Unser ganzes Leben besteht aus einer Kette solcher kurzfristigen, mittelfristigen und langfristigen Entscheidungen.

Es handelt sich hierbei um den uns Menschen auferlegten Vorgang der Bewältigung der Zukunft, der für uns alle zwingend ist und bei dem dieses Phänomen Freiheit, freie Entscheidung, wohl der wichtigste Faktor ist, denn durch sie wird die Gestaltung der Zukunft bestimmt.

Hier zeigt sich wieder unser Gebundensein an die Dimensionen, besonders an die Zeit.

Unser Verhältnis zu der Dimension Zeit ist von einer ganz besonderen Beschaffenheit. Die Zeit bewegt sich als ein Kontinuum, aus der Vergangenheit, über den Nu, den ständig fortschreitenden Augenblick, in die Zukunft hinein (ich habe das oben schon angedeutet). Gegenwart ist eigentlich nur der Augenblick, sie kann, wie Strawinsky sagt, niemals »wirklich« gemacht werden, sie lässt sich nicht fixieren, so dass Zukunft in jedem Augenblick Vergangenheit wird.

Vergangenheit, das Gewesene, das Unwiederbringliche, das Entstandene, Gestaltete, Bekannte, bedeutet für uns erstarrtes, manifestiertes Geschehensein, auch erstarrte, manifestierte Willensentscheidung, denn was durch Menschen geschehen und entstanden ist, ist durch Willensentscheidung entstanden und geschehen, in all dem hat das Phänomen Freiheit sozusagen Gestalt gewonnen.

Gegenwart ist der gleitende Vorgang in die Zukunft hinein, die von uns in jedem Augenblick (in der jeweiligen Gegenwart) mittels freier Entscheidungen bewältigt, gestaltet werden muss.

Zukunft bedeutet für uns das Noch-nicht-Seiende, das sich durch unsere Entscheidungen ergebende Neue, das Zu-Leistende, das Noch-nicht-Gewusste. Natürlich beziehen sich diese Aussagen lediglich auf das von uns Menschen abhängige Geschehen. Alle einer Eigengesetzlichkeit unterworfenen Vorgänge in der Schöpfung sind ausgeklammert.

Das Bewältigen der Zukunft hat Richard Wagner in seinem »Wahn-Monolog« (Die Meistersinger) eindrucksvoll dargestellt: In die Zukunft hinein wähnen bedeutet hier, in jedem Augenblick (der sogleich Vergangenheit wird) Vorstellungen von dem, was geschehen soll, in die Zukunft, die noch nicht seiende Zeit projizieren. Diese Vorstellungen werden von uns, wiederum in jedem Augenblick, realisiert, wirklich gemacht, existent gemacht.

Wie diese verwirklichten Vorstellungen ausfallen, ob sie richtig oder falsch, gut oder nicht gut, gelungen oder nicht gelungen sind, wissen wir im Voraus nicht, dies hängt sehr oft auch nicht von uns ab, bzw. wir haben darauf nicht genügenden Einfluss. Eigentlich nie stimmt das Gewordene mit unserem Wähnen, unseren Vorstellungen, ganz überein, oft sogar überhaupt nicht.

Der Vorgang der Erweiterung unseres Erkenntnishorizontes verläuft synchron zu dem Vorgang der Bewältigung der Zukunft, ja er ist mit ihm teilweise sogar gleichzusetzen. Das Nicht-Gewusste, Nicht-Erkannte außerhalb ist analog zu denken mit dem Zukünftigen, das Gewusste, Erkannte innerhalb mit dem Vergangenen.

Die Struktur dessen, was wir Freiheit nennen, ist nur im Zusammenhang mit dieser Disposition des Menschen als ein in der Dimension Zeit stehendes Wesen mit dem Auftrag der Zukunftsbewältigung zu denken, wobei das Nicht-Gewusste im Rahmen der Vorstellung Zukunft Freiheit erst ermöglicht; denn wenn ein Vorauswissen des Zukünftigen gegeben ist, kann man nicht von der Struktur Freiheit sprechen. Also ist das, was wir Freiheit nennen, eine Struktur, die den Menschen (oder einem Wesen wie dem Menschen) eigentümlich ist, die sozusagen an ihn gebunden ist.

Nun ergibt sich ein für uns Menschen schmerzlicher Widerspruch: Gott ist allwissend, auch im Hinblick auf die Zukunft. Er weiß, was sich aufgrund unserer freien Entscheidungen ereignen wird. Wir sprechen in diesem Zusammenhang von der göttlichen Vorsehung und meinen sogar damit, dass der Ablauf der Weltgeschichte so, wie er sich ergibt, von Gott vorgesehen ist. (Christus sagt: »Ärgernisse müssen kommen.«)

Auf der anderen Seite ist uns die subjektive Freiheit auferlegt, die für uns zwar höchsten Wert hat, auf die wir alle sehr stolz sind, die aber eigentlich die Schuld an dem qualvollen Prozess trägt, den wir Weltgeschichte (im Großen wie im Kleinen) nennen. Denn alle Fehlentscheidungen, und damit alles vom Menschen verschuldete Unheil auf der Welt, sind durch diese Freiheit verursacht worden.

Zwar ist die gesamte Entwicklung der menschlichen Gesellschaft, die ja, als Ganzes gesehen, einen Verlauf zum Positiven hin genommen hat – ich werde im weiteren Verlauf noch darauf einzugehen haben –, von unzähligen richtigen und guten durch den menschlichen Willen zustande gekommenen Handlungen getragen, doch immerhin bedeutet, von uns Menschen aus gesehen, Freiheit ein Risiko für die innermenschlichen und zwischenmenschlichen Vorgänge.

Ein zweites Risiko stellt das »Selbst« des Menschen dar, das im Zusammenhang mit dem freien Willen gesehen werden muss, aber auch mit dem Umstand, dass Gott den Menschen scheinbar allein lässt, dass er sich ihm nicht zeigt. Dadurch gerät der Mensch in Gefahr (wir alle sind davon betroffen), dass er sich selbst als Maß setzt, das heißt eigentlich, dass er sich selbst vergöttlicht. Er missachtet die ethischen Normen, die Gott in den Strukturen seiner Vernunft angelegt hat, und handelt gegen sein eigenes Wohl sowie gegen das seiner Mitmenschen.

Es ist sicher berechtigt, wenn wir Menschen immer wieder die Frage nach dem Sinn dieser uns betreffenden widersprüchlichen Gegebenheiten stellen, eben weil neben allem Richtigen und Guten auch so viel Not und Leid aus ihnen hervorgehen. Die Frage lautet: Zu welchem Zweck hat Gott die Strukturen Selbst und Freiheit in unser Wesen als Menschen eingebunden? Jeder bewusst lebende Mensch sollte sich selbst eine Antwort darauf zu geben versuchen.

Meiner Meinung nach spielen das Selbst und die Freiheit des Menschen eine wichtige Rolle bei den Vorgängen Offenbarung und Gestaltung der Welt (Machet euch die Erde untertan!).

Wir haben uns Gedanken darüber gemacht, wie der Mensch einerseits in das Materiale der Schöpfung eingebunden ist, andererseits sich darüber hinaus in den Bereich des Geistigen heben kann, wie in ihm durch die innere Wirklichkeit als Spiegelbild der Schöpfung und ihre geistige Verarbeitung Offenbarung entstehen kann. Gott will nun dem Menschen diese Offenbarung seiner selbst nicht aufzwingen, sondern er lässt ihm die Freiheit, sie anzunehmen oder nicht anzunehmen. Es läge eben nicht der Vorgang Offenbarung vor, sondern es wäre ein bloßes Vorzeigen, wenn der Mensch diese Freiheit nicht hätte. Gott wollte in seiner Schöpfung eben ein Wesen, das ihm aus dieser Schöpfung heraus als Selbst in Freiheit entgegentritt.

Der Mensch steht Gott nicht nur als bloßes Geschöpf, sondern auch als Selbst, als Partner gegenüber, ist aus dem Status der Nur-Kreaturen herausgehoben, kann sich weitgehend von der Abhängigkeit von körperlichen Zwängen, in die sonst alles Geschaffene eingebunden ist, durch seine Geistigkeit befreien, verfügt sogar über das Geschaffene. Der zuletzt genannte Aspekt betrifft die Gestaltung der Welt, des Lebens durch den Menschen, auf die ich auch im weiteren Verlauf noch eingehen werde.

Man könnte geneigt sein, Gott wegen dieses Risikos Freiheit – Selbst Vorhaltungen zu machen: Er hätte, wenn er den Menschen ohne diese beide Strukturen erschaffen hätte, alles Unheil, das die Menschheitsgeschichte mit sich gebracht hat, vermeiden können.

Natürlich hätte Gott so verfahren können, natürlich wäre dann ein reibungsloser Ablauf Weltgeschichte gewährleistet gewesen. Doch Offenbarung im eigentlichen Sinne sowie Gestaltung der Welt durch ein Wesen aus seiner Schöpfung heraus, so, wie Gott sie wollte, wären dann nicht zustande gekommen. Wir hätten dann zwar Gegebenheiten, die Fehlhandlungen und Fehlentwicklungen aufgrund von Fehlerkenntnissen und Fehlentscheidungen ausgeschlossen hätten, doch wir Menschen wären dann nichts weiter als willenlos ausführende Wesen, Marionetten Gottes.

Die Evolution des Universums und der Welt als Planablauf göttlicher Offenbarung

Je länger ich über den Problemkreis Gott – Schöpfung – Mensch nachdenke, umso stärker drängt sich mir der Gedanke auf, dass die auf den Menschen mit seinen oben beschriebenen Anlagen hinsichtlich der Offenbarung ausgerichtete Schöpfung und der Mensch selbst ein Programm, einen Planablauf, darstellen.

Als Christ und Mensch unserer Zeit beobachte ich, wie schwer sich die Theologie mit einer Adaption der Schöpfungsgeschichte in das Weltbild tut, das sich hinsichtlich der Entstehung des Seins im vergangenen Jahrhundert durch wissenschaftliche Erkenntnisse gebildet hat.

Einerseits lernen wir schon in der Schule, dass alles, was real existiert, aus dem sogenannten Urknall, dessen Geschehen die Wissenschaftler vor etwa 15 Milliarden Jahren ansetzen, hervorgegangen sei. Andererseits gibt es auf dem Boden der christlichen Glaubenswelt gewachsene Lehrmeinung, die das Alter der Welt (und damit des Kosmos) nach den Berichten der Bibel (wie dies kürzlich im Fernsehen berichtet wurde) auf etwa 6000 Jahre berechnen. Dazwischen lassen sich bei christlichen Gruppierungen eine Menge anderer Meinungen erkennen.

Mit dem Urknall im Zusammenhang, durch den nach Meinung der Wissenschaftler die Dimensionen Raum und Zeit ins Dasein gerufen wurden und als dessen Folge sich die Materie im unermesslichen Raum verteilte und sich zu den Gestirnen formte, lässt sich die Lehre von der Evolution sehen, die das Dasein als eine Entwicklung darstellt zu lebenden und immer höheren Existenzformen, und zwar (so muss es die Wissenschaft sehen, weil sie ja nur von dem empirisch Erkennbaren ausgehen darf) einer Entwicklung aus sich selbst heraus, oft sogar durch den Zufall bestimmt.

Im Gegensatz hierzu steht der Schöpfungsbericht, in dem es heißt »Gott schuf«, und das in eng begrenzten Zeiträumen, in Tagen, wobei häufig darauf hingewiesen wird, dass es sich bei den »Tagen« um längere Zeitabschnitte gehandelt haben könnte.

Die Theologie lässt uns Christen, die wir als Menschen unserer Zeit leben müssen – mit all ihren Erkenntnissen – in einem unzumutbaren geistigen Dilemma allein: Als Menschen unserer Zeit sind wir angebunden an deren Erkenntnisse, als Christen sollen wir den Mythos des Schöpfungsberichts glauben, den Menschen vor fast 3000 Jahren mit einem wesentlich engeren Erkenntnishorizont aufgrund mythischer Überlieferung niedergeschrieben haben, wobei gesagt werden muss, dass der 1. Schöpfungsbericht, was das Berichten von den einzelnen Phasen des Geschaffenen betrifft, vieles Zutreffende aussagt.

Nun ergibt sich hinsichtlich einer Gegenüberstellung der beiden Standpunkte folgende Unvereinbarkeit: Der christliche Glaube, der von der jüdischen Überlieferung des Alten Testaments ausgeht, sieht Gott als den Schöpfer, der aus seiner Wirklichkeit heraus, allwissend und allmächtig, unsere Wirklichkeit erschaffen hat. Die Wissenschaft als solche muss die theologische Komponente außer Acht lassen. Sie hinterfragt weder Urknall noch Evolution nach ihrem Ursprung, sie muss von der diesseitigen Wirklichkeit ausgehen.

Warum nun sagen wir als Christen, die wir an Gott in seiner absoluten Wirklichkeit als den Urheber unserer Wirklichkeit glauben, aber zugleich von den Ergebnissen der Wissenschaften ausgehen müssen, nicht einfach das Folgende:

Gott, der absolute, allumfassende, alles durchdringende, allgegenwärtige, allmächtige, alles liebende Geist, wollte, so müssen wir annehmen, mit einem Teil seiner Gewalten konkret werden, im Materiellen sich selbst zeigen, sich offenbaren.

Zu diesem Zweck rief er aus seiner Wirklichkeit heraus in Form ebendieses Urknalls mit den Dimensionen Raum und Zeit und der Erschaffung der Materie die Grundbedingungen für (nach unserer Erfahrung) konkrete Wirklichkeit ins Sein und setzte mit ihnen den unermesslichen Planablauf Kosmos – Sonne – Erde – Leben – Mensch als Evolution in Bewegung, wobei wir Evolution als eine aus Gottes Sicht vorhergesehene, geleitete, aus unserer Sicht (gleichsam von außen her) autonome, aus sich heraus geschehende Entwicklung ansehen sollten.

Dass die ohne Zweifel vorliegende Evolution von Gott, an dessen Schöpferkraft wir glauben, gelenkt und geleitet wird, lässt sich auf wissenschaftliche Weise nicht beweisen, doch es gibt gute Gründe, davon auszugehen. Hinter allem, was existiert, sowohl in der sogenannten toten Materie als auch in der lebendigen Existenz, lässt sich ordnender Geist erkennen. Denn alles, was ist, existiert aufgrund von Gesetzmäßigkeiten, und diese sind von einem ordnenden Wesen, für mich von Gott, gesetzt worden. Anders kann ich nicht denken.

So lässt sich diese ordnende Kraft Gottes schon an der Struktur und den unterschiedlichen Bauformen der Atome erkennen, wobei das Phänomen Zahl eine wesentliche Rolle spielt, an den Molekülen und in besonderer Weise an den genetischen Informationssträngen, die für die Weitergabe des Erbgutes verantwortlich sind, aber auch – was uns Menschen anbetrifft – für die Individualität jedes Einzelnen.

Ich kann nicht denken, dass Evolution ohne lenkende und leitende Schöpferkraft Gottes vonstattengegangen ist; ich bin sogar der Überzeugung, dass diese Kraft in jedem Augenblick alles, was ist, in seiner Existenz erhält.

Wie sehr ordnende und lenkende Macht im Verlauf der Evolution tätig war, zeigt sich an unserem Sonnen- und Planetensystem sowie an unserer lieben Welt, dem Planeten Erde, der für uns Menschen selbstverständliches Umfeld geworden ist, Lebensraum, der sich für uns von selbst versteht, dessen Vielfalt von Ereignissen wir einfach hinnehmen, ohne zu fragen, wie es kommt, dass es sie in diesem unwirtlichen Weltraum überhaupt gibt. Unser (in Anbetracht der Unermesslichkeit des Weltalls) »niedlicher« Planet Erde mit seinem heimeligen, für uns trotz aller Unbilden des Wetters wohnlichen Charakter bewegt sich auf seiner Bahn um die Sonne in den absolut lebensfeindlichen Raum des Universums. Wir wissen, dass unsere Astronauten in ihren Raumsonden und bei ihren Ausflügen aus denselben die Mittel, um zu überleben, von der Erde her mitbringen müssen. Ein Überleben wäre für sie ohne die durch die Raumfahrttechnik bereitgestellten Bedingungen nicht möglich.

Dass wir auf unserer lieben Erde so leben können, wie wir leben, hängt von ihrer genau ausbalancierten Konstellation innerhalb unseres Sonnensystems (unseres Planetensystems) ab: Um unseren Fixstern Sonne mit genau ihrer Größe und genau ihrer Energie bewegt sich unser Planet mit genau seiner Größe und der Schräglage seiner Pole in genau dieser seiner Bahn in dem Spannungsfeld aller anderen Planeten.

Wäre sein Abstand von der Sonne geringer oder größer, so könnte ihre Energie nicht in dieser fein abgestimmten Weise auf ihn einwirken, so dass Leben, wie wir es verstehen, auf ihm möglich wurde. Wäre die Erde größer oder kleiner, so wäre die Schwerkraft stärker oder schwächer und Bewegung wäre in adäquater Weise nicht möglich; wir würden wie alle Gegenstände entweder zu stark von der Erde angezogen, so dass Bewegung behindert wäre, oder die Anziehungskraft wäre zu schwach, wie wir es bei der Landung auf dem Mond mit seiner geringeren Größe auf dem Bildschirm miterleben konnten: Die Astronauten federten mit jedem Schritt weit über dem Boden ab. Auch eine derartige Bewegungsweise wäre den Lebensabläufen hinderlich.

Durch ihre rotierende Bewegung und ihre in Schrägstellung befindliche Achse ergibt sich die ständige gleitende Bewegung von Licht (Zukehrung zur Sonne) und Dunkelheit (Abkehr von der Sonne), wodurch im Gegensatz zum Mond, der uns immer die gleiche Seite zeigt, der über die Erdoberfläche fortschreitende Wechsel von Tag und Nacht entsteht. Die Schräglage der Erdachse bewirkt bei der Umlaufbahn um die Sonne den Wechsel der Jahreszeiten und, damit im Zusammenhang, die unterschiedlichen Längen von Tag und Nacht.

Durch das Zusammenwirken all dieser Komponenten sind im Laufe von Milliarden von Jahren ebendiese Bedingungen entstanden, durch die all unsere »Selbstverständlichkeiten« ihr Dasein bekommen konnten.

Unsere Wissenschaftler dringen mit Hilfe von ihren hochentwickelten Teleskopen und von ihren akribischen Berechnungen immer weiter in die unvorstellbaren Weiten des Weltalls vor. Doch eine derartige Konstellation eines Fixsterns mit ihm zugehörenden Planeten ist bislang nirgendwo im Weltall wahrgenommen worden. Und gerade dieser, ich muss schon sagen, einer Konstruktion gleichkommenden Konstellation verdanken wir, dass Leben bis hin zu uns Menschen entstanden ist. Das unermessliche Weltall erweist sich als absolut lebensfeindlicher Raum.

Ob in diesem Raum irgendwo ein anderes Planetensystem mit unseren Abmessungen existiert (existiert hat), konnte, wie gesagt, bislang nicht festgestellt werden. Auszuschließen ist dies sicher nicht. Doch damit Leben nach unseren Erfahrungswerten entstünde, müssten entsprechende Bedingungen vorherrschen.

Was ich dargestellt habe, sind für uns heutige Menschen letzten Endes Gemeinplätze, Binsenweisheiten. Jedes Kind, jeder Schüler lernt dies im Kindergarten, in der Schule. Auch diese Kenntnisse sind für uns »selbstverständlich« geworden.

Für mich versteht sich dies alles nicht von selbst. Ich kann nicht *denken*, dass sich unsere Welt, unser Sonnensystem, unser Planetensystem wie die anderen Phänomene im Weltraum als Folgeerscheinungen des Urknalls lediglich aus den durch ihn ausgelösten Gesetzmäßigkeiten ergeben haben (wobei sich natürlich auch hier Zweifel anmelden ließen), sondern dass hier unbegrenztes Wissen und unbegrenzte Macht mit einem unbegrenzten Gestaltungswillen in dem einen absoluten Seienden, in Gott, gewirkt haben, um in Milliarden von Jahren dieses besondere, sich von allen anderen total unterscheidende Phänomen Erde, Welt werden zu lassen.

Unsere Erde erscheint mir – ich kann nicht anders *denken* – als zu dem Zweck konstruiert, dass sich im Rahmen der uns vorliegenden Evolution all die wunderbaren Gebilde und Organismen als Erscheinungsformen des göttlichen Gestaltungswillens bis hin zu uns Menschen entwickeln konnten. Ich kann nicht *denken*, all die Wunder, die uns in unserer Welt umgeben, die wir in uns selbst täglich entdecken, hätten sich rein zufällig, quasi von selbst ergeben. Hier liegt, dies sollte in jedem Augenblick unserem Bewusstsein innewohnen, durch göttlichen Geist und göttliche Macht geplante und geleitete Entwicklung vor:

Nichts, aber auch gar nichts ist »selbstverständlich«!

Übrigens besteht zwischen der Darstellung im 1. Schöpfungsbericht des Alten Testaments und den Erkenntnissen der Wissenschaften kein so großer Unterschied. So ist z. B. die Reihenfolge des Geschaffenen, wie sie in der Genesis dargestellt wird, in etwa die gleiche, wie sie von den Wissenschaften aufgrund ihrer Erkenntnisse angenommen werden muss. Lediglich in Bezug auf die Zeitabschnitte und auf die Dauer gibt es Unterschiede. Die bilderreiche Sprache der Heiligen Schrift spricht eben von Tagen, von einer Woche, weil dies der Vorstellungswelt der damaligen Menschen entsprach. Wir wissen, dass es sich nach den Erkenntnissen der Wissenschaften um ungeheure Zeitabschnitte handelt.

Überhaupt ist Zeit, wie ich oben schon andeutete, ein relativer Begriff. Was wir unter Zeit verstehen, ist auf unsere Verhältnisse zugeschnitten. Für Gott gelten nicht unsere Dimensionen. Was wir notwendigerweise als Zeit ansehen, eine Abfolge von sich in der Dimension Raum abspielenden Ereignissen, entspricht eben lediglich unseren Vorstellungen und Erfahrungen. Die für uns nur sehr schwer vorstellbar lange Zeit der Entwicklung des Universums und unserer Welt hat eben nur für uns den Charakter des schwer Vorstellbaren, weil wir uns aus der Enge unserer Verhältnisse nur schwer hinausversetzen können, auch in der Vorstellung.

Übrigens zeigen uns Raum und Zeit, so real sie uns auch erscheinen mögen und so selbstsicher wir auch mit ihnen umgehen mögen, in ihren Konsequenzen, dem Unendlichen und dem Ewigen, die Grenzen unserer Vorstellung überhaupt auf und stellen unseren Verstand und unsere Vernunft vor ein unlösbares Problem.

Sage ich nämlich dem Raum: »Da oder da ist deine Grenze!«, so ergibt

sich sofort die Frage: »Und was ist dahinter?«. Sage ich der Zeit: »Zu diesem Zeitpunkt war dein Anfang, wird dein Ende sein!«, so stellt sich sofort die Frage ein: »Was war davor, was wird danach sein?«.
Das heißt, ich kann Raum und Zeit nicht anders als unendlich bzw. ewig denken. Andererseits bin ich als Mensch, von den Strukturen unseres Denkens her nicht in der Lage, mir etwas ohne Grenzen vorzustellen.

Hier befinden wir uns in dem Dilemma, auf eine Frage sowohl »ja« als auch »nein« sagen zu müssen, auf die Frage nämlich: »Haben Raum und Zeit eine absolute Grenze?«

Nach unseren Erfahrungen haben alle Phänomene in Zeit und Raum ihre Grenze. Setze ich in der Vorstellung aber solch eine zeitliche oder räumliche Grenze, so stelle ich mir sogleich Zeit bzw. Raum jenseits vor. Habe ich oben gesagt: »Ich kann Zeit und Raum nicht anders als ewig bzw. unendlich denken«, so muss ich sogleich dagegenhalten: »Ich kann Ewigkeit bzw. Unendlichkeit nicht denken, ich kann mir diese beiden Qualitäten nicht vorstellen.«

Wir haben es hier mit einem in der Tat irrationalen Zusammenhang zu tun, der uns, wie gesagt, die Grenzen unseres Denkens und unserer Fähigkeit, uns etwas vorzustellen, mit aller Härte aufzeigt.

Übrigens gelten für die Dimension Zeit im Weltall andere Maßstäbe als auf der Erde. Hier ist Zeit nach den neuesten Erkenntnissen von der Schwerkraft abhängig. Auf anderen Himmelskörpern ergeben sich auch andere Zeitverläufe.

Raum und Zeit sind also nur in den uns überschaubaren Verhältnissen rational erfahrbare Größen, nicht aber als absolute Wertigkeiten. Dies drängt uns zu der Annahme, dass sie nur im Zusammenhang mit der Schöpfung zu denken sind, dass sie zugleich mit dem Urknall als Setzungen entstanden sind, sozusagen als Koordinatensystem für alles, was von ihm ausgehen sollte.

Wir sagen zwar »unendlich« und »ewig« und beziehen diese beiden Begriffe auf unsere Raum- und Zeitvorstellungen, doch was wir damit meinen, betrifft nicht unsere Vorstellungsbereiche, sondern die Existenz Gottes, dessen Existenzform unabhängig von Raum und Zeit zu sehen ist, von der jedoch alles Sein, also auch Raum und Zeit, seinen Ausgang genommen hat.

Die absolute, von Raum und Zeit unabhängige Existenz Gottes müssen wir uns ohne das Nacheinander von Vorgängen und Zuständen im Raum vorstellen. Raum und Zeit sowie alles, was mit ihnen zusammenhängt, gehören eben zu der Schöpfung, sind mit ihr ins Leben gerufen worden, während Gott ihr Schöpfer ist und ohne Bindung an sie existiert.

»Jahwe«, der Name Gottes im Alten Testament, bedeutet »Ich bin der Ich-bin« (EX. 3, 14 ff.). Gott gibt sich Moses gegenüber diesen Namen, mit dem er sein Wesen in bemerkenswerter Weise kennzeichnet: Der Name schließt jedes zeitliche Nacheinander aus. Gott spricht sein absolutes Sein aus, indem er das »Ich bin« zweimal ausspricht und es beim zweiten Mal substantiviert: »der Ich-bin«.

Nun entsprechen gerade diese unermesslichen Zeiträume, wie wir sie überall in der Schöpfung erkennen müssen, dem, was unter Offenbarung zu verstehen ist, nämlich ein Prozess, den wir retrospektiv als ein Werden, eine Entwicklung, erkennen. Es käme eigentlich auch einem Zerrbild Gottes gleich, wenn er das alles, was besteht, dieses unermessliche Universum mit seinen unvorstellbar kleinen Bausteinen, mit all den Organismen, die das Leben ausmachen, wie ein Zauberer von jetzt auf nun gemacht hätte. Dies wäre genau an dem Sinn der Offenbarung vorbeigegangen.

Gott hat durch seine unendlich vielen Gesetzmäßigkeiten eine, von seiner Sicht aus, vorhergesehene, auch geleitete, von unserer Sicht aus autonome, selbsttätige Entwicklung zu dem Zweck der Offenbarung ins Leben gerufen, die wir Schöpfung nennen. Wie lächerlich wäre Schöpfung in einem Nu, und wie sinnvoll ist Evolution. Denn Evolution ist ein Vorgang von innen her, dem Sich-Entwickelnden gemäß, unter dessen eigener Beteiligung, mit dessen eigenem Engagement. Das, was wird, wird so, wie es dem Zuwerdenden entspricht.

Christi Gleichnis vom Himmelreich als von einem Senfkorn, das ein Mann in seinen Acker sät, das bei Matthäus (13.31) mit dem Gleichnis vom Sauerteig gekoppelt wird, hat in diesem Zusammenhang eine bemerkenswerte Bedeutung. »Das ist zwar das kleinste von allen Samenkörnern« (von den in dem Umfeld Christi bekannten). »Wenn es aber ausgewachsen ist, ist es größer als die Gartengewächse und wird zu einem Baum, so dass die Vögel des Himmels kommen und in seinen Zweigen wohnen.«

Im Anschluss an die beiden Gleichnisse sagt Christus: »Ich will meinen Mund in Gleichnissen auftun, will verkünden, was seit Grundlegung (der Welt) verborgen war.

Hier wird deutlich ausgesprochen, was wir uns unter der Schöpfung mit dem Ziel Reich Gottes vorstellen sollen, nämlich eine Entwicklung, die in das Reich Gottes einmündet. Das Samenkorn ist Symbol für diese Entwicklung.

Christus spricht hier sicher von sich selbst (von Gott) als Sämann und meint die geistige Entwicklung, die von seinen Worten und Werken (als Samenkorn) ausgeht. Doch das, was Christus über die Absicht, die er mit den Gleichnissen verfolgt, sagt, drängt uns zu der Annahme, dass er die beiden Gleichnisse auf die Schöpfung bezieht.

In jedem Samen, in jeder Eizelle liegt ein Programm vor, das die zukünftige Entwicklung als möglichen Vorgang beinhaltet, in dem die charakteristischen Merkmale der betreffenden Art und des betreffenden Individuums schon immanent sind, das sich unter den entsprechenden Voraussetzungen nur zu entfalten braucht.

Alle Wesen sind von ihrem Ursprung her programmiert. So verhält es sich auch mit uns Menschen: Seit unserer Empfängnis und durch unsere Empfängnis verläuft unsere Entwicklung im Mutterleib und nach unserer Geburt als Entfaltung unseres individuellen Programms, das sozusagen unsere Existenz seit der Verbindung von Samenfaden und Eizelle in eingespeicherter Form festlegt und festhält, natürlich nur, was die körperlichen und geistigen Anlagen betrifft.

Auch die Entwicklung unseres Geistes (unseres Wesens, unseres Charakters) ist ohne den Vorgang des Programmierens nicht zu denken. So beruhen alle Erkenntnisse (der Vorgang der Evolution des Geistes also) immer auf Strukturen, die im Sitz des Geistes immanent sind, die dort angelegt sind zu dem Zwecke der Erkenntnis. Alles, was wir wissen und was wir denken, beruht auf einer unmessbaren Kette von Erkenntnissen, die sich einerseits – in jedem Einzelnen von uns – bis hin zu den Erkenntnissen a priori und zu den Kategorien (als den Bausteinen des Geistes) zurückverfolgen lassen, die andererseits aus dem historischen Prozess hervorgegangen sind und hervorgehen und die sich in unserem Bewusstsein niedergeschlagen haben bzw. niederschlagen. Und unser Wesen sowie unser Charakter ist weitgehend von der Art, wie wir denken, wie wir also programmiert sind, abhängig.

Jene Bausteine, jene in uns angelegten Grundstrukturen, die Erkenntnis ermöglichen und die in jedem von uns im Prinzip in gleicher Weise vorliegen, unterliegen einer ständigen Auseinandersetzung mit unserem Umfeld und dem historischen Fortgang der Geschehnisse; dadurch entsteht das, was wir Erfahrung nennen. Es ist die Summe alles dessen, was in uns hereingelangt ist. Auch bei dieser Auseinandersetzung, die einem Wechselspiel gleicht, scheint mir – ich werde noch darauf zurückkommen – aufgrund der Erfahrungen und Beobachtungen, die ich gemacht habe, weitgehend ein Programm vorgegeben zu sein.

Der anorganischen, der sogenannten toten Materie liegen ebenfalls Strukturen zugrunde, die eine derartige Programmierung meines Erachtens als zwingend voraussetzen. So liegt z. B. bei den Bauformen der Atome und Moleküle, überhaupt bei allen Bauformen des Mikrokosmos (und hierbei handelt es sich ja um das, aus dem sich alles Tote und Lebendige zusammensetzt) eine in systematischer Weise durch Zahlen bestimmte Ordnung vor. Strukturen aber, die von derartigen mathematischen Gesetzmäßigkeiten (in ihrem Wesen) bestimmt werden, lassen sich – anders kann ich es nicht nachvollziehen – ohne Programmierung und Einspeicherung durch einen ordnenden und wirkenden Geist nicht denken.

Merkwürdigerweise liegen im Mikrokosmos (im Atom z. B.) ähnliche Strukturen vor wie im Makrokosmos (die Fixsterne im Verbund mit ihren Planeten), um einen Kern kreisende Einheiten. Und hier wie da hängen die kleineren Systeme, durch Energiefelder verbunden, mit anderen Systemen zusammen und bilden mit diesen größere und wieder größere.

Sehe ich Gott, den einen Welturheber und Welterhalter, als den Schöpfer alles dessen, was existiert – ich kann nicht anders denken diesbezüglich –, so muss ich das, was wir Schöpfung nennen, als Mensch meiner Zeit, dessen Denken von den ihr vorliegenden Erkenntnissen geprägt ist, als das In-Gang-Setzen einer ungeheuren, unfassbaren Evolution des Makrokosmos bis hin zum Mikrokosmos, bis hin zum Menschen erkennen, einer Evolution als in das Sein eingespeichertes Programm, wobei ich mir bewusst bin, dass Gott selbst bei diesem – aus unserer Sicht autonomen – Vorgang in allem Existierenden, wie schon gesagt, zugegen ist. Ohne seinen Geist und seine Kraft – so muss ich es sehen – fiele die Materie in sich zusammen, würde sie sich aufheben.

Denn alles deutete darauf hin, dass die Grundbausteine der Materie, die Atome, nichts anderes als eine Anhäufung von elektrischen Kraftfeldern sind, dass Materie nichts anderes als subtil organisierte Energie, also Kraft, ist. Wie es zu dieser Kraft kommt, woher sie stammt, darüber hat die Wissenschaft bisher keine Aussage machen können.

Für mich ist es die Kraft des Schöpfergottes, die in allem Seienden zugegen ist, die allgegenwärtig ist. Sie bildet sozusagen das Substrat, die Grundlage, den Nährboden, für die Evolution.

Die Vorstellungen, Evolution und Programm in dieser Weise miteinander zu verknüpfen, scheint auf den ersten Blick paradox zu sein. Doch kann ich für mich keine andere Sichtweise als gegeben ansehen. Denn einerseits liegt nach unseren Erkenntnissen Evolution in allen Daseinsbereichen vor. Andererseits erscheint es mir nicht denkbar, dass eine solch unermessliche Bewegung, hinter der wir so viel Ordnung und geistige Potenz erkennen müssen, aus einem Nichts heraus und rein zufällig entstanden ist.

Der bedeutende Biologe Jacques Monod hält dies für wahrscheinlich; er sieht sogar die Mutationen, die wichtigen Faktoren der Evolution, als zufällige Betriebsunfälle an.

Ich kann so nicht denken. Für mich ist die Evolution irgendwann, nach dem heutigen Wissensstand vor etwa fünfzehn Milliarden Jahren, von einer absoluten, allmächtigen, allwissenden, allbeherrschenden Instanz initiiert (das bedeutet für mich programmiert, gespeichert und in Gang gebracht) worden, mit der Absicht, dass sich Gegenstände und Wesen in sich steigernder Weise bis hin zu hohen Seinsstufen ergeben, quasi aus sich selbst heraus, immer sich selbst entsprechend. Auch Mutationen sehe ich als in dieser Weise entstanden. Schöpfung ist, aus unserer Sicht, geworden.

Nun ist unsere Sicht ebendiese: Wir sehen, als an Raum und Zeit gebundene Wesen, alles in einem Nacheinander entstanden, sehen die ungeheuren Zeitabschnitte, die die einzelnen Stufen des Werdens ausmachen, sehen zwanzig Milliarden Jahre als eine unvorstellbar lange Zeit an.

Nun sagte ich ja schon, dass wir uns Gott als absolutes, nicht an Raum und Zeit gebundenes Seiendes vorstellen müssen. Für ihn bestehen die Zwänge des Nacheinanders im Raum eben nicht. Für ihn ist alles »Ich bin der Ich-bin«.

Evolution, Entwicklung, ist nun in zwei unterschiedlichen Erscheinungsformen gegeben. Zum einen liegt die umfassende Entwicklung des Universums mit seinen Systemen von Sternen, deren Zahl lediglich geschätzt werden kann, und mit jedem einzelnen Stern, also auch unserer Erde, als Gesamtablauf vor. Sie vollzieht sich in feststellbaren Phasen in einem ungeheuren Spannungsbogen mit einem Anfang (dem Urknall) und einem zu erwartenden Ende. Zum anderen unterliegt jedes einzelne Objekt, jedes Wesen einer solchen Entwicklung mit einem Werden und einem Vergehen – auch wir Menschen sind diesem Kreislauf unterworfen –, und alles steht über Zeiträume von Milliarden von Jahren unter diesem Gesetz.

Wir Menschen sind, wie schon gesagt, in diese Evolution eingebunden, und in der Geschichte der Menschheit können wir eine Fortsetzung der Evolution der bloß physischen bzw. biologischen Existenz in einer Evolution des Geistes zu immer höheren Erkenntnis- und Seinsstufen sehen.

Auf die Unterschiede zwischen uns Menschen und den anderen Lebewesen habe ich schon hingewiesen. Zu bedenken bleibt aber noch, dass wir uns in weitaus höherem Maße zu Individuen entwickelt haben, gerade auch durch die uns eigenen Fähigkeiten, die uns von den anderen Lebewesen unterscheiden.

Die Individualität eines jeden von uns (ich habe dies schon angedeutet) wird bestimmt durch eine Art Koordinatenkonstellation, die durch seine Gene, die, wie wir wissen, einem jeden von uns seinen (mit hoher Wahrscheinlichkeit) unverwechselbaren »Fingerabdruck«, seine Seinsvoraussetzungen bewirken, dann aber auch durch die historische Situation, in die er hineingeboren ist, sowie durch sein soziales Umfeld ihr charakteristisches Gepräge erhält, die jeden unverwechselbar, einzigartig, original werden und ihn infolgedessen auch individuell handeln lässt.

Hier muss ich noch einmal auf das Phänomen Freiheit zu sprechen kommen. Ich bin der Meinung, dass das, was wir Freiheit nennen, weitgehend auf unserer Individualität beruht. Als Individuen denken, empfinden, reden und handeln wir anders als andere Individuen und meinen, wir täten dies, weil es in unserem Belieben stünde.

In Wirklichkeit denken, empfinden, reden und handeln wir weitgehend aus den Bindungen an unsere Koordinatenkonstellation heraus.

Ein Handeln in Freiheit sehe ich für uns lediglich im ethisch-moralischen Bereich als gegeben an (wenn man von den belanglosen freien Entscheidungen absieht), und auch hier muss ich von erheblichen Einschränkungen ausgehen. Denn gerade hinsichtlich unserer ethisch-moralischen Wertvorstellungen sind wir auch durch unser Umfeld vorbestimmt.

Ich gehe davon aus, dass die Individualität der menschlichen Existenz einer der Zielpunkte des Evolutionsprogramms ist und dass trotz der Einschränkungen, die sich für mich hinsichtlich der Vorstellung Freiheit ergeben, aus den Wesensmerkmalen dieser unserer menschlichen Existenz heraus das erwächst, was wir Verantwortung nennen.

Alles, was von mir als Mensch ausgeht, trägt das Siegel meiner Individualität und damit meiner Verantwortung. Was ich tue beziehungsweise nicht tue, wirkt sich auf den Fortgang des Geschehens aus, auf die Menschen, denen ich zugeordnet bin oder die mir zugeordnet sind, auf das physische und geistige Fortschreiten in der Zeit.

Mein individuelles Handeln kann richtig oder falsch, gut oder böse, sinnvoll oder unsinnig sein, immer beruht es, wenn es bewusst geschieht, auf meiner Entscheidung. Wir stehen als Menschen diesbezüglich zwischen den Lebewesen, deren Lebensvorgänge ganz aus ihren Trieben und ihrem Instinkt heraus zu verstehen sind und für die sich die Frage der Verantwortlichkeit nicht stellt, und nur in unserer Vorstellung existierenden Wesen, wie wir sie aus Science-Fiction-Filmen bzw. -Romanen kennen, deren Handlungsweise immer richtig, immer gut und immer sinnvoll sein kann.

Solche Wesen wären dem Vorgang der Evolution nicht angemessen. Ihnen fehlte die innere Dynamik, die sich aus der Möglichkeit, jeweils richtig oder falsch, gut oder böse, sinnvoll oder unsinnig handeln zu können, ergibt und die das Prozesshafte an dem Vorgang Evolution ausmacht. Das Falsche, Böse und Unsinnige sind wie das Richtige, Gute und Sinnvolle wesentliche Faktoren aller Entwicklung im geistigen Bereich. Unser Denken und unser Empfinden sind auf diese Vorstellungen hin angelegt, wir können sie nicht aus unserem Bewusstsein und aus der Realität eliminieren. Aber wir stehen in der Verantwortung, eben das Richtige, das Gute und das Sinnvolle zu tun.

Die menschliche Individualität hat all die großartigen Leistungen der Menschheit möglich gemacht, von denen alle Kulturen sowie die Zivilisation gekennzeichnet sind, sie birgt aber auch die Gefahr des Missverständnisses, der Fehlentscheidung, des Versagens, der Schädigung anderer Individuen, des Verbrechens in sich. Zudem sind wir alle aufgrund des sich aus unserer Individualität ergebenden Selbstwertgefühls darauf aus, unsere Vorstellungen zu realisieren, sie gegenüber anderen durchzusetzen, Macht auszuüben, Besitz zu ergreifen. Dies gilt für den einzelnen Menschen wie für Gruppen von Menschen bis hin zu den Völkern und Staaten.

Einerseits ist gerade das der Motor der geistigen Evolution und damit der Motor der Entwicklung auf allen Gebieten. Andererseits kommt es, wenn egozentrisches Besitz- und Machtstreben in einzelnen Individuen oder in Gruppen von Individuen (Familien, Sippen, Stämmen, Völkern, Staaten) in übersteigerter Weise auftreten, unter Umständen zu ebenjenen katastrophalen Entwicklungen, die in ihrer Eigengesetzmäßigkeit Konflikte unvorstellbaren Ausmaßes hervorrufen können, wie sie sich in der Geschichte der Menschheit nur allzu häufig ergeben haben und wie wir sie gegenwärtig in vielen Ländern der Erde in grauenvoller Weise erleben. Vor allem Ideologien religiöser, weltanschaulicher, rassistischer, politischer Art waren und sind Auslöser solcher verheerender Vorgänge.

Wie ich oben schon erwähnte, spricht Christus mehrmals von Ereignissen und Vorgängen, die einer Entwicklung zum Guten hin zuwiderlaufen. Er nennt sie »Ärgernisse«: »Ärgernisse sind unausbleiblich, doch wehe dem, durch den sie kommen« (Luk. 17.1). Er geht davon aus, dass der Ablauf aller Vorgänge (die Evolution) notwendigerweise auch Entwicklungen mit sich bringt, die das Böse verkörpern: »Zwar geht der Menschensohn dahin, wie von ihm geschrieben steht. Wehe aber dem Menschen, durch den der Menschensohn überliefert wird« (Matth. 26.24).

Diese Textstellen machen deutlich, dass in der Evolution auch negative Vorgänge programmiert, vorgesehen sind. Doch werfen sie auch die Frage auf: Was kann der Mensch, durch den »Ärgernisse« in die Welt kommen, dafür, wenn es doch so vorgesehen ist?

Diese Frage konfrontiert uns mit dem Phänomen »Schuld« und stellt uns hinsichtlich der Beurteilung dessen, was mit Schuld und mit dem Schuldigen zusammenhängt, vor ein schwer zu lösendes Problem.

Dabei lässt sich die Notwendigkeit von Fehlhandlungen und infolgedessen auch von Fehlentwicklungen im Verlauf der Evolution durchaus einsehen.

Sie haben eine bedeutende Funktion im Bereich der toten wie der lebendigen Materie, vor allem aber, was die Entwicklung des menschlichen Geistes anbetrifft. Ohne sie wäre das Umfassende der Evolution nicht gewährleistet, die Entwicklung wäre einseitig, verliefe nicht nach dem Prinzip der Entfaltung aller innewohnenden Kräfte.

Auch wäre die Erkenntnis des Guten ohne die Existenz des Nicht-Guten nicht möglich; ebenso verhält es sich mit dem Richtigen und Falschen sowie mit dem Sinnvollen und Unsinnigen. Daraus folgt, dass unsere Individualität (unsere Freiheit) erst durch die Möglichkeit, gut oder böse, richtig oder falsch, sinnvoll oder unsinnig zu handeln bzw. sich zu verhalten, ihren Sinn und ihre Bedeutung erhält. Wir könnten sie nicht ins

Spiel bringen, wenn es das Gute und Böse, Richtige und Falsche, Sinnvolle und Unsinnige nicht gäbe.

Außerdem können Fehlhandlungen und Fehlentwicklungen die Funktion haben, ein Fortschreiten der Evolution zu bewirken. Kraft ruft Gegenkraft hervor, und negative Entwicklungen der oben beschriebenen Art rufen Gegenbewegungen hervor. So sehen wir das Pendel in der Menschheitsgeschichte immer weit ins Extreme ausschlagen, was wir durchaus auch immer an Fehlhandlungen und Fehlentwicklungen erkennen, die aber durch ein Ausschlagen in die andere Richtung zurückgeholt werden, so dass die reale Entwicklung, aufs Ganze gesehen, auf dem besseren Weg verläuft. Ohne das Ausschlagen des Pendels jedoch stünden die Räder still, gäbe es kein Fortschreiten, keine Entwicklung.

So war der Absolutismus des 18. Jahrhunderts sicher die Endphase einer Jahrtausende dauernden Fehlentwicklung gesellschaftlicher und politischer Vorgänge und Zustände, die ihrerseits wieder durch ein permanentes Kräftespiel verschiedenartiger und vielschichtiger Machtkämpfe gekennzeichnet ist, (möglicherweise notwendige) Fehlentwicklung deswegen, weil in ihrem Rahmen Machtverhältnisse zustande kamen, durch die die Menschenrechte in unerträglicher Missachtung der Menschenwürde aus der gesellschaftlichen Realität ausgeklammert waren.

Diese politische Herrschaftsform fand in Frankreich durch die Französische Revolution ihr Ende, deren Ideen zwar wahrhaft menschlich waren, deren konkrete Auswirkungen infolge von extremen Vorstellungen und infolge der Machtbesessenheit einiger ihrer Wortführer jedoch auch wieder unmenschlich.

Ihre Ideen hätten vielleicht ohne Verzögerung ganz Europa erfasst, wenn nicht das Pendel mit der Restauration wieder in die andere Richtung ausgeschlagen hätte. In der Folgezeit kommt es zu jenem dialektischen Prozess, der eine Pendelbewegung zwischen absolutistischen und in zunehmendem Maße demokratischen Zuständen und Verfassungen darstellt. Jede dieser Bewegungen war, für sich genommen, in ihren Erscheinungsformen grausam und inhuman, aber sie haben insgesamt zu den heutigen Zuständen im mittleren und westlichen Europa, in Amerika und in Australien geführt. Diese Zustände sind zwar wiederum nicht ideal, doch, verglichen mit den vergangenen, stellen sie einen erheblichen Fortschritt dar. Ich glaube nicht, dass ein Mensch, der gegenwärtig in den genannten Erdteilen lebt, in den Zuständen und Verhältnissen der Vergangenheit leben möchte noch könnte.

Ich sehe in diesem Vorgang eine Entwicklung zum Besseren hin, die in der damaligen Gegenwart so gar nicht abzusehen war. Die drei Idealvorstellungen dieser Revolution, »égalité«, »fraternité« und »liberté«, sind Verlauf eben der Bewegung, die sie hervorgebracht hat, in Blut, Unrecht, Schrecken und Chaos scheinbar untergegangen, doch sie haben sich im Verlauf der vergangenen zwei Jahrhunderte in dem Bewusstsein der Menschen und den Verfassungen vieler Staaten verankert, und – obwohl auch heute noch viele, allzu viele Umstände ihnen nicht entsprechen – sie haben in vielen Staaten dieser Welt das Leben lebenswerter gemacht, als es damals war.

Ich möchte in keiner Zeit vor unserer Zeit leben müssen. Ich könnte die inneren und äußeren Umstände vor unserer Zeit nicht ertragen.

Die furchtbaren Kriege haben bei der Bewusstseinsbildung der Menschheit zweifellos eine bedeutende Rolle gespielt. So ist das Rote Kreuz als eine die ganze Menschheit umfassende Bewegung der Barmherzigkeit (von den auf christlichem Boden ebenfalls im Angesicht des Elends entstandenen karitativen Bewegungen ganz zu schweigen) angesichts des Krieges entstanden, und letzten Endes ist die völkerüberspannende Friedensbewegung ohne den Zweiten Weltkrieg nicht zu denken.

Dieser Krieg hat neben den vielen entsetzlichen Auswirkungen eben auch positive gehabt. Staaten und Völker, die bis zu diesem Krieg in immerwährender, zwanghaft erscheinender Feindschaft schienen leben zu müssen – ich denke an Frankreich und Deutschland –, gehen seither weitaus freundlicher miteinander um und lösen entstehende Konflikte auf dem Verhandlungswege.

Es gibt in der UNO – man mag sie aus dem Augenblick heraus schelten – eine Vereinigung fast aller Staaten, die weltweit Konflikte durch Verhandlungen beizulegen versucht (wie schwer das ist gegenüber egozentrischen Menschen und Menschengruppen, sehen wir in der Gegenwart). Derartige Vereinigungen wie den Völkerbund und die UNO gab es noch nie auf dieser Welt. Und sie sind als Auswirkungen der beiden Weltkriege zu sehen.

Die Vorgänge im Zusammenhang mit dem sogenannten Dritten Reich und seinem Rassenhass, die wohl die abscheulichsten Gräuel der Weltgeschichte darstellen, sind mit die Ursache für eine Umorientierung unseres Bewusstseins hinsichtlich des Umganges mit anderen Rassen. Zwar erleben wir in unseren Tagen wieder erschütternde Rückschläge und müssen auf der Hut sein diesbezüglich, doch den positiven Trend sehen wir daran, dass sich sehr viele Menschen für unsere ausländischen Mitbürger und gegen den Rassenhass einsetzen.

Für weitaus den größten Teil der Menschen in den westeuropäischen Ländern ist es heute selbstverständlich, dass Gott alle Menschen (und damit alle Rassen) gleichberechtigt und gleichwertig angelegt und vorgesehen hat. Das Liebesgebot Christi drückt dies in eindeutiger Weise aus. Fehlentwicklungen ausgesprochen schuldhafter Art in der Geschichte der Menschheit (leider in hohem Maße auch von der Kirche Christi ausgehend) haben eine gegenteilige Bewusstseinslage herbeigeführt, so dass die furchtbaren revolutionären und kriegerischen Auseinandersetzungen notwendig wurden, um die von Christus gewollte Gleichheit aller Menschen durchzusetzen. Letzten Endes hat die Katastrophe des Dritten Reiches mit seinem extremen Rassismus bei den Nachkriegsgenerationen einen derartigen Abscheu vor der nicht vorhandenen Gleichberechtigung der Rassen erregt, dass sich die heutige Bewusstseinslage ergeben hat.

An dem Dargestellten wird deutlich, was Evolution des Geistes bedeutet: ein Prozess, nicht von außen aufgezwungen, sondern aus sich selbst heraus, dem eigenen Wesen, dem Wesen der Menschheit entsprechend, programmiert, doch nicht dirigiert. Alles Gewordene ist Ergebnis aller ihm zugrunde liegenden Möglichkeiten, auch der negativen, und gerade dadurch gewinnt es Authentizität. Es ist dies eine sehr schmerzliche Erkenntnis, doch scheint sie mir die glaubwürdige Erklärung für alles Geschehen auf dieser Welt zu sein. Zudem ergibt sich aus ihr ein Sinngehalt für alles Negative, nämlich der, dass es dem Positiven als Antrieb dient.

In dem Programm, das Gott nach meiner Sicht in das Sein eingespeichert hat, lässt sich aufs Ganze gesehen also eine vorgesehene Entwicklung zu immer idealeren Seinsstufen erkennen, dies lässt sich in der jeweiligen Gegenwart allerdings nicht so sehr wahrnehmen, da die jeweils in ihr lebenden Zeitgenossen in den jeweils gegenwärtigen Zuständen mehr die Missstände als die positiven Gegebenheiten zu sehen bereit sind. Dies erklärt sich daraus, dass sie die schlechteren Verhältnisse der Vergangenheit nicht aus eigener Erfahrung kennen und dass sie immer bestrebt sind, bessere Zustände und Umstände zu erreichen. Und das können sie nur, wenn sie die gegenwärtigen als die schlechten bzw. schlechteren ansehen.

Bei dem Lernprozess, den wir geistige Evolution nennen, fällt zweierlei auf. In gewissen Bereichen kann man im Großen wie im Kleinen von einem Lernprozess hinsichtlich der pragmatischen Zusammenhänge sprechen. Das heißt, Menschen, Menschengruppen, die Menschheit können, indem sie eigene Erkenntnisse und Erfahrungen sowie die Erkenntnisse und die Auswirkungen der Handlungen vergangener Generationen und anderer Menschen in ihre Überlegungen und Entscheidungen bei der Bewältigung der Zukunft (und alles, was wir tun, ist Bewältigung der Zukunft) mit einbeziehen, ihr Handeln so einrichten, dass die zukünftigen Vorgänge richtiger werden, besser gelingen. Dieser Lernprozess ist von der Menschheit ohne Zweifel immer wieder vollzogen worden.

Andere Bereiche lassen uns bei unserem Fortschreiten in der Zeit zwar auch die Erfahrungen, die aus der Vergangenheit in die Gegenwart hineinwirken, mit einbeziehen, doch verlangen sie von jedem Einzelnen, von jeder Gruppe, von jeder Generation unmittelbare Entscheidungen in die Zukunft hinein, die nicht von der Sicherheit des »richtig« oder »falsch« her getroffen werden, sondern nach subjektiven Vorstellungen, oft aus dem bloßen Gefühl heraus.

Die Ergebnisse und Auswirkungen der ersten Art lassen sich mehr oder weniger schon in der jeweiligen Gegenwart beurteilen, die der zweiten Art meistens erst in der Zukunft.

Selbstverständlich gibt es zwischen diesen extremen Strukturen unseres Handelns unendlich viele Abstufungen und Mischformen, und die realen Abläufe sind irgendwo im mittleren Feld anzusiedeln, doch grundsätzlich muss man diese extremen Mechanismen sehen und als gegeben voraussetzen. Beide bringen das Phänomen Erfahrung ins Spiel, den eigentlichen Motor der geistigen Evolution.

Die Erfahrungen, die den zuerst genannten Lernprozess vorantreiben, beziehen sich, wie gesagt, in erster Linie auf pragmatische Zusammenhänge; sie dienen dem Fortschritt auf den Gebieten der Wissenschaften, der Technik, der äußeren Lebensbedingungen, zum Teil auch der Künste. Die Erfahrungen der zweiten Art betreffen das Ethisch-Moralische sowie die Wertigkeiten des Sinnvollen bzw. Unsinnigen.

Wenn ich oben von dem Phänomen Erfahrung als von dem Motor der geistigen Evolution sprach, so geschah dies im Zusammenhang mit der Kreativität des Menschen, die wir als den Faktor aller geistigen Entwicklung ansehen müssen. Alle Kreativität des Menschen wird durch Erfahrung inspiriert und initiiert und ist ohne sie gar nicht zu denken.

Das Besondere an der Kreativität des Menschen ist, dass Gott mit ihm hat ein Wesen werden lassen, das als Kreatur selbst kreativ werden kann.

Gott hat in der Kreativität des Menschen etwas von seinem eigenen Wesen in seine Schöpfung einfließen lassen. Der Mensch kann selbst – in seinem Bereich – zum Schöpfer werden (»Gott schuf den Menschen nach seinem Bilde«, heißt es im Schöpfungsbericht).

Nun ist das, was der Mensch im Auftrag Gottes tut, nämlich sein Umfeld, die Welt, die Schöpfung, in seinem Sinne (ich muss hier eindringlich hinzufügen »verantwortlich«) gestalten, eigentlich nichts anderes als ein Weiterführen des Vorganges Schöpfung im Sinne der Evolution. Gott hat den Menschen mit dieser seiner Kreativität werden lassen, damit – so sehe ich es – die Kreatur Mensch die Schöpfung, in seinem Bereich, in der Weise weitergestalten, weiterentwickeln kann, dass sie ihm (dem Menschen) gemäß angemessen werde. Das evolutionäre Konzept in diesem Zusammenhang ist deutlich zu erkennen.

Gott stellt dem Menschen aus dem unermesslichen Raum seiner Gesetzmäßigkeiten einen durch den jeweiligen Erkenntnishorizont begrenzten Teil zur Verfügung, damit er mit ihrer Hilfe einen Lebenszusammenhang schaffe, der seiner körperlichen und geistigen Existenz, seinen Gefühlen und Empfindungen, Vorstellungen und Gedanken entspricht. Dies gilt für alles, was der Mensch (verantwortlich) tut. Alle Lebensbereiche bis hin zur Kunst sind hier einbezogen.

Von diesem Aspekt aus ergeben sich erstaunliche Zusammenhänge: Da sind Gesetzmäßigkeiten (die der unermesslichen Allexistenz Gottes zugehören). Wir entdecken sie, erschließen sie, werten sie aus, wenden sie an, entwickeln mit ihrer Hilfe zunächst einfache, dann immer kompliziertere Geräte, Apparate, die wir in unseren Lebensbereichen einsetzen.

Diese von uns gefertigten Apparate, mit denen wir Gegenstände herstellen können, durch die wir unser Leben in unserem Sinne gestalten, Apparate, die uns bei der Bewältigung der Zukunft helfen, sind nur durch ganz bestimmte Eigenschaften jener Gesetzmäßigkeiten möglich, und alle Qualitäten, die solche Geräte besitzen, sind in den ihnen zugrunde liegenden Gesetzmäßigkeiten immanent. Das heißt, wie ich oben schon erwähnte, diese Gesetzmäßigkeiten beinhalten eigentlich schon das, was der Mensch durch sie gestaltet.

Ihre Existenz in dem Raum des reinen Geistes, in der Allexistenz Gottes, schließt, wie dies bei allen Gegenständen der Schöpfung auch der Fall ist, die Existenz von allem, was wir hervorbringen, mit ein. Es ist, schon bevor wir es machen, eigentlich ewig, in jenem Raum existent.

Alle Gegenstände, die wir entwerfen und herstellen, z. B. der Motor, der Computer, das Fernsehgerät, auch die Atombombe, sind Teil des umfassenden Programms der Evolution und außerhalb aller konkreten Wirklichkeit – als Möglichkeit – konzipiert, vorgeformt.

Das bedeutet, Gott hat einen uns Menschen offenliegenden, unmittelbar erfahrbaren Komplex Schöpfung werden lassen, der hinsichtlich der ihm zugrunde liegenden Gesetzmäßigkeiten weitgehend erkennbar, begreifbar, letztlich aber nicht durchschaubar ist, nämlich die konkrete, nicht vom Menschen gestaltete Wirklichkeit (einschließlich des Menschen), und diesem, der kreativen Kreatur, für seine schöpferische Kraft Raum gelassen in dem unermesslichen Feld der zum Teil nicht ohne weiteres offenliegenden Gesetzmäßigkeiten, damit er Schöpfung, so wie sie ihm entspricht, weiterführe, um sich die Welt in seinem Sinne einzurichten.

Ich gehe in diesem Zusammenhang davon aus, dass das, was der Mensch aufgrund der jenem unermesslichen Bereich abgerungenen Gesetzmäßigkeiten konstruiert und hergestellt hat, noch konstruieren und herstellen wird, zumindest in dem Plan Evolution, wenn nicht gar, und zwar unter anderen, und in unseren Dimensionen jetzt nicht zugänglichen Voraussetzungen, de facto vorhanden ist.

Alle jene verborgenen Kräfte, jene Gesetzmäßigkeiten mit ihren überraschenden Qualitäten, die der Mensch im Laufe der Zeit dank seiner geistigen Fähigkeiten, die ja, wie oben dargestellt, auch als eine Art Programmierung zu begreifen sind, aus dem scheinbaren Nichts geholt hat und die uns, nachdem dies geschehen ist, so selbstverständlich erscheinen, sind, je länger ich darüber nachdenke, umso sicherer bin ich mir, auf das zugeschnitten, was der Mensch schließlich mit ihrer Hilfe hervorbringt.

Denn es scheint mir undenkbar, dass derartige Gesetzmäßigkeiten ohne teleologischen Zusammenhang existieren, dass es sie gibt, ohne dass mit ihnen bestimmte Absichten verbunden sind.

Dies scheint mir umso sicherer der Fall zu sein, als wir ja in dem offenliegenden Bereich der Schöpfung vieles vorgeformt finden, was wir aufgrund des ständig steigenden Erkenntnisstandes nachgebaut haben.

Ich denke z. B. an die Mechanismen des Armes, des Beines, deren Strukturen wir in viele sowohl primitive als auch äußerst komplizierte Geräte hineinkonstruiert haben. Das Trommelfell hat bei der Tonübertragung Pate gestanden, das Auge bei der Kamera, das Gehirn bei dem Computer. Die Radarsysteme der Fledermäuse und Delphine bei unserer Radartechnik.

In der Schöpfung treten uns Apparate entgegen, deren Wirkungsweise nur durch ein äußerst feines Zusammenspiel jener Gesetzmäßigkeiten zu denken ist, die sich, im Absoluten existent, im Rahmen der Evolution in die konkrete Wirklichkeit eingebunden haben, die von Gott eingebunden worden sind.

Dieser Zusammenhang zeigt uns deutlich, dass der Mensch zunächst weitgehend der sichtbaren Schöpfung nachbaut, bevor er in Bereichen gestaltet, die nicht so ohne weiteres offenliegen. Er zeigt uns auch, dass eigentlich nicht wir die Originalität des Schaffenden haben, sondern der eine Schöpfer selbst, dass, was wir machen, letzten Endes nicht unser Werk ist, sondern Bestandteil des umfassenden Schöpfungsplanes.

Ich beziehe hier die Werke der Kunst mit ein. Auch in ihnen sind Offenbarung und Weltgestaltung gegeben, gerade in ihnen, denn hier wird der Mensch als Abbild Gottes, scheinbar aus sich selbst heraus, in Wirklichkeit aber als Sprachrohr ebendieses Schöpfungsplanes schöpferisch tätig.

Evolution, wie ich sie dargestellt habe, wäre für mich allerdings ohne Sinn, wenn sie ein Vorgang wäre, der lediglich in unseren Dimensionen Zeit und Raum sein Ziel hätte. Ich wies eingangs schon darauf hin, dass ich als denkendes und empfindendes Wesen zwar das Leben annehmen würde, aber nur weil ich, einmal in diese meine Wirklichkeit hineingestellt, Verantwortung zu tragen habe meinen Mitmenschen gegenüber.

Gott, den Schöpfer, könnte ich bewundern, fürchten, aber nicht lieben; denn Liebe ist Drang, Trieb zu etwas hin, aus denen Sehnsucht hervorgeht, der Schmerz über die Distanz. Alle diese in mir als Mensch angelegten Strukturen, von denen oben die Rede war, ergeben für mich nur dann einen Sinn, wenn ich davon ausgehen kann, dass sich diese Distanz zu Gott aufheben lässt.

Hier stellt sich die Frage, die sich die Menschen in allen Religionen, in allen Kulturen gestellt haben und auch heute noch stellen: Gibt es für uns Menschen eine Existenz nach unserem Tode?

Unser Wesen ist auf diese Frage hin angelegt, jeder Einzelne von uns beschäftigt sich mit ihr, kein Mensch kann sie aus seinem Bewusstsein verdrängen. Sie entspringt unserer Sehnsucht nach Geborgenheit, nach ungetrübtem Glück, nach dem Losgelöstsein von den Zwängen, die uns durch die Dimensionen Raum und Zeit auferlegt sind, nach einer Existenz in einer absoluten Existenzform, nach Wahrheit und Klarheit, nach Gott. Darüber hinaus sind es unser Selbstwertgefühl und das Bewusstsein unserer Geistigkeit, die uns zu dieser Frage gleichsam herausfordern.

Wenn auch die verschiedenen Religionen in den verschiedenen Kulturen diesbezüglich unterschiedliche Vorstellungen gehabt haben und noch haben, waren und sind doch die Beweggründe die gleichen. Wir Menschen können in dem Dasein, in das wir hineingeboren werden, nicht den eigentlichen Sinn, wie Immanuel Kant sagt, den Endzweck, sehen. Er spricht von »Glückseligkeit«.

Wie für die christliche ist für die meisten anderen Religionen die Vorstellung des Himmels als des Ortes eines Lebens nach dem Tod die vorherrschende Sicht. Mit der Vorstellung »Himmel« assoziierten die Menschen seit Anbeginn all das, wonach sie sich sehnten, und sie nahmen an, dass der Sitz der Gottheit und der Ort immerwährenden Glücks in der Höhe zu suchen seien. Wie wenig diese mythische Anschauung zutreffen kann, haben uns die Erkenntnisse der Wissenschaften gelehrt, und dieses Wissen ist heute, wie gesagt, Gemeinplatz.

In dem Glaubensbekenntnis heißt es: Wir erwarten die Auferstehung der Toten und das Leben der kommenden Welt.

Der Wahrheitsgehalt dieses Satzes steht für mich außer Frage, und ich könnte, wie schon gesagt, ohne ihn in meinem Leben keinen Sinn sehen.

Nur dürfen wir uns »Auferstehung« und »Leben der kommenden Welt« nicht nach den Maßstäben der durch unsere Dimensionen geprägten diesseitigen Wirklichkeit vorstellen. Die Dimensionen Raum und Zeit werden, davon gehe ich aus, in der jenseitigen Existenzform, die ich mit Sicherheit erwarte, keine Gültigkeit haben, da sie, so sehe ich es, wie gesagt, als Setzungen für unsere diesseitige Wirklichkeit zu verstehen sind.

Von daher gesehen, beziehe ich »Auferstehung« auch nicht auf meinen zeitlich und räumlich begrenzten Körper, denn dieser könnte nur wieder in einer Wirklichkeit existieren, die der unseren gleicht oder ähnelt und die auch wieder nur in einer zeitlichen und räumlichen Begrenztheit zu denken ist.

Auf die Existenzform in der jenseitigen Wirklichkeit, die wir erwarten, die Vorstellungen »ewig« und »unendlich« anzuwenden, ist auch nur eine unzulängliche Hilfskonstruktion, deren wir uns bedienen, weil es uns an Erfahrung hinsichtlich der jenseitigen Existenzform mangelt.

Trotzdem spielen unsere diesseitige Wirklichkeit und unsere eigene Existenz, auch unsere Körperlichkeit, eine meines Erachtens wesentliche Rolle mit Blick auf die jenseitige Wirklichkeit.

Mit Sicherheit dürfen wir in unserem Diesseits keine Antwort bezüglich der jenseitigen Existenz erwarten. Doch entspricht es unseren geistigen Strukturen und ist deswegen durchaus legitim, wenn wir, wie ich es oben beschrieben habe, von der Basis unserer Erkenntnisse diesseits unseres Erkenntnishorizontes aus Vorstellungen in den Raum jenseits projizieren.

Folgende Gedankengänge haben mir geholfen, dass sich diesbezüglich Vorstellungen in mir herausgebildet haben, die mir von meiner Warte aus eine für mich bündige Erwartungshaltung hinsichtlich der Existenz in der jenseitigen Wirklichkeit ermöglichen.

Ich habe oben dargelegt, dass alles, was in der uns erkennbaren und erfahrbaren Wirklichkeit existiert und geschieht, auf den beiden Wesensmerkmalen des Schöpfungsvorganges »Programmierung« und »Speicherung« beruht.

Beide Vorgänge, als Faktoren der Evolution, sind von den Wissenschaften erkannt worden, sie sind jedoch nicht das Produkt von uns Menschen, sondern in der Schöpfung unterliegen sie dem ordnenden Geist, dem Willen und der Tatkraft Gottes.

Beide stehen in einem engen Zusammenhang miteinander: Programmierung ist ohne Speicherung nicht zu denken; denn damit Programmierung stattfinden kann, müssen entsprechende Daten gespeichert werden.

Wie von dem Vorgang Programmierung, den ich im Zusammenhang mit der Schöpfung eingehend behandelt habe, ist diese auch von dem Vorgang Speicherung getragen. Jedes Lebewesen existiert, wie gesagt, aufgrund eines in seinen Genen gespeicherten Programms, ebenso jede Pflanze, und auch in jedem Element der Materie lässt sich gespeicherte Programmierung erkennen. Am eindrucksvollsten wirken diese beiden Faktoren in dem Organ Gehirn, besonders im menschlichen Gehirn.

Gerade in der Gedankenwelt unserer Zeit spielen sie eine bedeutende Rolle. Auf allen Gebieten werden heute Computer eingesetzt, deren Funktion von ihnen abhängig ist und die in zunehmendem Maße das Leben in der Zukunft bestimmen werden. Gerade bei diesen Geräten kommt dem Vorgang Speicherung eine ganz wesentliche Aufgabe zu.

Überhaupt haben wir Menschen in der jüngsten Vergangenheit sehr viele Geräte entwickelt und hergestellt, mit deren Hilfe man Geschehnisse, vor allem akustischer und optischer Art, aber – wie beim Computer – auch Daten speichern kann, das heißt, man kann ihre Existenz erfassen und, unabhängig von ihrer konkreten Wirklichkeit, stilllegen und aufbewahren, um sie beliebig, zwar nicht konkrete Wirklichkeit, aber doch dem Original entsprechende, ja sogar idealisierte Wiedererscheinung, Reproduktion werden zu lassen.

Ich denke hier besonders an die Schallplatte, das Tonband, die Cassette, den Film sowie deren Aufnahme-(Speicherungs-)Geräte. Gerade in den letzten Jahren haben sich unsere Fähigkeiten und Fertigkeiten diesbezüglich sowie unsere technischen Möglichkeiten in atemberaubender Weise entwickelt, so dass uns in der Tat Erstaunliches gelingt.

Bei einer derartigen akustischen oder optischen Speicherung wird ein in seinem zeitlichen Ablauf konkret werdender Vorgang (das Spielen einer musikalischen Komposition oder das Darstellen einer dramatischen Handlung), der die Realisierung eines geistigen Produkts (Komposition oder dramatischer Text) bedeutet, aus dem im doppelten Sinne zeitlichen Zusammenhang herausgenommen, ja, von ihm unabhängig gemacht. Man kann die Produkte beliebig oft anhören bzw. ansehen.

Der konkrete Vorgang kann, unabhängig von sich selbst, beliebig oft dem Original entsprechende akustische bzw. optische Wiedererscheinung werden.

Und gerade bei dieser Speicherung entspricht die Erscheinung des Ablaufs oftmals weit mehr dem geistigen Gehalt, der Intention des Werkes als der konkrete akustische bzw. optische Originalablauf, weil durch die Aufnahmetechnik der Aussageabsicht des Komponisten bzw. Dichters mehr Rechnung getragen werden kann, als dies bei dem konkreten Ablauf der Fall sein kann. Dann liegt bei der Speicherung eine zusätzliche Idealisierung vor.

Alle diese Geräte und Techniken, mit denen wir Speicherung vornehmen, beruhen auf einer Fülle von Gesetzmäßigkeiten, die wir im Laufe der Zeit aus dem Raum des Absoluten in den Raum innerhalb unseres Erkenntnishorizontes hereingeholt haben, wobei wir, wie gesagt, annehmen müssen, dass die Menge der nicht erkannten Gesetzmäßigkeiten unermesslich ist. Sie sind für uns, besonders durch jene Geräte und Techniken, konkret erfahrbar geworden, existieren jedoch, unabhängig davon, nach wie vor in dem Raum des absoluten Geistes bei Gott, wo sie, wie ich oben ausführte, auch schon alle die Qualitäten haben, durch die wir Menschen jene Geräte und Techniken konkrete Wirklichkeit werden lassen.

Das bedeutet: Speicherung ist nicht nur in der konkreten Wirklichkeit gegeben, sondern auch in dem Raum des Absoluten bei Gott.

Von hier aus eröffnet sich ein Ausblick hinsichtlich der von uns erwarteten jenseitigen Wirklichkeit. Ich bin mir darüber im Klaren, dass es sich bei dem, was ich sagen will, um (von Wissen ausgehenden und hergeleiteten) Glauben, ja in diesen Fall möglicherweise sogar um Spekulation handelt.

Ich gehe davon aus, dass unsere konkrete Wirklichkeit mit allem, was in ihr vorgeht, alle äußeren und inneren Abläufe, alle Wesen, alle Gegenstände, in dem Raum der absoluten Wirklichkeit bei Gott von Anbeginn gespeichert worden ist bzw. gespeichert wird.

Das bedeutet, dass die umfassende Evolution, die in unseren Dimensionen Raum und Zeit als konkrete Wirklichkeit ohne Zweifel stattgefunden hat und noch stattfindet, damit – wie ich oben sagte – das, was wird, so werde, dass es dem Zuwerdenden (sich selbst also) entspricht, wird aus diesen Dimensionen Raum und Zeit herausgehoben, in ihrer Existenz erfasst und existiert in einer absoluten Daseinsform, damit alles, was geworden ist, das Richtige wie das Falsche, das Gute wie das Böse, das Sinnvolle wie das Unsinnige, als dem Original getreue Erscheinung, möglicherweise idealisiert, zeitlos festgehalten (gespeichert) bleibt.

Speicherung bei uns Menschen wird immer unvollkommen bleiben, da uns infolge unserer Begrenztheit die vollkommene Erkenntnis verschlossen bleibt. Deshalb ist bei uns Wiedererscheinung jeweils nur der Reproduktion, nie des Originals gegeben.

Gott in seiner Allmacht wird Originalität mit der Wiedererscheinung vereinigen. Christus ist aus der Allexistenz des Geistes bei Gott in unsere Wirklichkeit gekommen und ist nach seiner Auferstehung dorthin zurückgekehrt.

Das ist für mich Grund genug, davon auszugehen, dass sich mit der gesamten Schöpfung das Selbst eines jeden Menschen, jene dem Gehirn und dem Körper übergeordnete Instanz, also auch mein Selbst, in dieser absoluten Wirklichkeit Gottes, losgelöst und unabhängig von den Dimensionen Raum und Zeit wiederfinden und dort existieren wird, und zwar in Einheit mit der gespeicherten Wiedererscheinung seiner originalen Körperlichkeit.

Von hier aus gesehen, erkennen wir den eigentlichen Sinn der Schöpfung: Sie ist nicht etwas Gemachtes, fix und fertig Dahingestelltes, sondern in den Dimensionen Raum und Zeit im Einklang mit sich selbst Gewordenes, sich selbst Entsprechendes, Umfassendes, als konkrete Wirklichkeit zwar Vergängliches, als in der absoluten Wirklichkeit Gottes jedoch Gespeichertes, herausgehoben aus den Dimensionen Raum und Zeit und damit auch unabhängig von der Vorstellung »vergänglich«.

Die eschatologischen Prophetien bekommen, aus diesem Blickwinkel betrachtet, atemberaubende Aktualität. Wenn in der Geheimen Offenbarung des Johannes von einem Buch die Rede ist, in dem alles aufgezeichnet ist, dann bedeutet dies nichts anderes, als dass der Vorgang »Speicherung« in der Vorstellung der damaligen Zeit beschrieben wird; denn das Buch ist das einzige Mittel der Speicherung dieser Zeit, und das Bild des Buches wird zur Metapher für die Vorstellung Speicherung, der einzigen Metapher, mit der man sich diesbezüglich den Menschen dieser Zeit verständlich machen konnte.

Unsere Vorstellung des Vorgangs Speicherung ist eben weitaus umfassender. Die Aussage, dass alles gespeichert (»aufgeschrieben«) wird, ist jedoch damals wie jetzt die gleiche. Für mich sind die betreffenden Stellen der Heiligen Schriften die Darstellung jener absoluten Wirklichkeit.

In diesem Zusammenhang wird auch die Unerbittlichkeit der Vorstellung »Gericht« in den eschatologischen Schriften aus sich selbst heraus erklärt. Jedes Selbst muss in dieser absoluten Wirklichkeit mit seiner eigenen Existenz existieren und muss damit fertigwerden, mit allem, was es getan und gedacht hat, mit den Folgen seiner Worte und Werke, mit der Wirkung und den Auswirkungen, die von ihm ausgegangen sind: erschreckende Konsequenzen, die sich hieraus für jeden Einzelnen von uns ergeben, zumal wir davon ausgehen müssen, dass Transparenz (durchscheinende Erkennbarkeit) ein Merkmal dieser absoluten Wirklichkeit ist.

Mein Selbst wird mit allem, was es war und ist, offenliegen, erkennbar sein und ohne zeitliche und räumliche Begrenzung zur Diskussion stehen, beurteilt werden: eine unerbittliche Vorstellung für jeden Einzelnen von uns.

Auf der anderen Seite sehe ich in der von mir als Fakt dargestellten Speicherung der konkreten Wirklichkeit in der absoluten Wirklichkeit, wie gesagt, den einzigen Sinn der Schöpfung; denn durch sie ist mir die Gewissheit gegeben, dass diese Schöpfung mit all ihrer Schönheit, mit dem Richtigen, Guten und Sinnvollen in ihr, dass auch alles Schöne, Richtige, Gute und Sinnvolle, das vom Menschen ausgegangen ist, aus den Dimensionen Raum und Zeit, die notwendigerweise alles vergänglich machen, herausgehoben ist und als Unvergängliches in Gottes absoluter Wirklichkeit existiert.

Auch meinem Selbst ist damit ein Sinn gegeben, denn auch meine Existenz ist mit eingebunden in diese umfassende Speicherung, die für mich zwar Gericht in dem oben dargestellten Sinn bedeutet (wie für jedes andere Selbst), die mich aber in gleicher Weise wie alles Existierende aus der Vergänglichkeit heraushebt in Gottes absolute Wirklichkeit. Es hat für mich einen Sinn, mein Leben so zu gestalten, dass ich eine Konfrontation mit mir selbst ertragen können werde.

In jener absoluten Wirklichkeit ist also – so sehe ich es – die alles uns erfahrbare und erkennbare umfassende Evolution der sogenannten toten und der lebendigen Materie sowie des Geistes mit all ihren Zusammenhängen, mit der Kette aller Kausalitäten in der Verfügungsgewalt Gottes – wir nennen diese Evolution Schöpfung – gespeichert.

Alles ist erkennbar und durchschaubar, einsehbar, begreifbar, abrufbar, nachvollziehbar, erlebbar, das Materielle wie das Geistige, möglicherweise für jedes Selbst seiner Anlage und Konstitution entsprechend. Jedes Selbst kann sich in jedes andere Selbst hineinversetzen und dessen geistige Welt erfahren, wiederum je nach Anlage und Konstitution.

Alles zeigt sich in seinem wahren Wesen, überhaupt ist Wahrheit die eigentliche Qualität dieser Wirklichkeit. Die Fülle der Schöpfung einschließlich der menschlichen Existenz liegt in ihrem An-Sich-Sein, in ihrer Wesenheit offen, vor dem Schöpfer, aber auch vor dem Geschöpf.

Von hier aus lässt sich auch – so sehe ich es – die die Menschheit seit eh und je bedrängende Seinsfrage stellen und – meines Erachtens – sinnvoll beantworten, die Frage: Warum dies alles, mit seinen Freuden, aber auch mit den vielen Leiden? Für mich ergibt sich als Antwort: Der Sinn liegt in dem Ziel der Anschauung der umfassenden Wahrheit in der absoluten Wirklichkeit Gottes. Dies ist für mich »Reich Gottes«.

Anschauung der umfassenden Wahrheit in der absoluten Wirklichkeit Gottes ist ohne Konflikt, ohne Kampf. Auch der Entscheidungszwang, den die uns Menschen charakterisierende Individualität (Freiheit) uns in jedem Augenblick bei der Bewältigung der Zukunft auferlegt, ist nicht mehr, da mit dem Herausgehobensein aus den Dimensionen Raum und Zeit Bewältigung der Zukunft nicht geschehen kann.

Dasein, eingebettet in Wahrheit und getragen von ihr, das erwarte ich von dieser absoluten Wirklichkeit Gottes.

Gott wird auch in seiner absoluten Wirklichkeit Grenzen setzen zwischen sich und seinen Geschöpfen, doch jene Distanz, die dadurch gegeben ist, dass Gott in unserer konkreten Wirklichkeit seine Schöpfung und den Menschen scheinbar sich selbst überlässt, wird schon insofern aufgehoben, als dass eben durch das Offenlegen aller Vorgänge und Zusammenhänge dieser Wirklichkeit in der absoluten Wirklichkeit bei Gott dessen Leitung und Lenkung durch seinen Schöpfungsplan in jeder Phase der Evolution offenbar wird.

Außerdem wird sich Gott – das ist mein Glaube – jedem Selbst unmittelbar erfahrbar machen; denn seine Liebe, mit der er sich der ganzen Schöpfung zuwendet, die er ja durch seine Kraft zusammenhält, gilt auch jeder einzelnen originalen menschlichen Individualität, da er sich ja jedem von uns in jener einmaligen, originalen zweiten Wirklichkeit offenbart, wodurch eine unmittelbare, innige Beziehung zwischen ihm und jedem Einzelnen von uns entsteht.

Das Selbst in jeder originalen individuellen menschlichen Gesamtstruktur als einmalige, unwiederholbare treibende Kraft des Schöpfungsplanes

Wie ich schon oben dargelegt habe, sind die in jedem Menschen zustande kommenden körperlich-geistigen Strukturen aufgrund seiner einmaligen räumlichen und zeitlichen Koordinaten sowie seiner genetischen Voraussetzungen von originaler, unverwechselbarer Qualität. Unendlich viele Komponenten, sprich Gesetzmäßigkeiten, sind bei dem Zustandekommen dieser Originalität im Spiel.

Da sind zunächst, wie gesagt, die körperlichen Strukturen, die aus der genetischen Gebundenheit und den äußeren Lebensumständen resultieren.

So prägen uns äußere körperliche Merkmale, die wir von Geburt an haben (wie z. B. unsere Körpergröße, unser Gesichtsausdruck, unser äußeres Erscheinungsbild, die Art, wie wir uns bewegen, unsere Stimme, die Art, wie wir reden, dann auch genetische Vorzüge bzw. Mängel) oder die sich durch äußere wie innere Lebensvorgänge bzw. -umstände ergeben haben (wie z. B. unsere Ernährungsweise, unsere Art zu leben, möglicherweise eine Schädigung durch Verletzungen usw.) in nicht geringer Weise.

Schon hinsichtlich unserer äußeren Gestalt ergibt sich eine Fülle von Einflüssen, die auf unsere originale Seinswirklichkeit abzielen, und man sollte diese äußeren Gegebenheiten nicht unterschätzen. Denn unser äußeres Erscheinungsbild vermittelt den ersten Eindruck, den wir bei unseren Mitmenschen hinterlassen und ist verantwortlich für viele Wertbestimmungen im Verlauf zwischenmenschlicher Beziehungen.

Die geistigen Strukturen sind ebenfalls zum Teil genetisch bedingt, zum Teil mit durch die Umwelt geprägt, wobei die körperliche und geistige Beschaffenheit hinsichtlich der Umwelteinflüsse bis zu einem gewissen Grade Uniformität zeigt.

Die Zentren des Gehirns, deren Beschaffenheit und Gewichtung, auch im Zusammenspiel mit den anderen körperlichen Strukturen, bei jedem Menschen in ebenfalls einmaliger genetisch und durch die Umwelt bedingter Konstellation vorliegen, sind zunächst einmal als körperliche Faktoren anzusehen. Ihre Steuerung erfolgt durch jene übergeordnete Instanz, den (nach Eccles »selbstbewußten«) Geist, das Selbst, die Seele.

Diese Instanz ist selbstverständlich an das gebunden und bis zu einem gewissen Grade von dem abhängig, was an körperlichen Anlagen (gemeint ist das Zusammenspiel der Gehirnzentren mit den anderen körperlichen Strukturen) jeweils in dem betreffenden Menschen vorliegt. Die Ausbildung dieser Anlagen ist in hohem Maße von der Umwelt des Menschen abhängig, aber auch von dem übergeordneten Selbst, das die Steuerung zu einem guten Teil autonom durchführt, und erfolgt durch die Verarbeitung eines jeden Ereignisses, einer jeden Information und der von ihnen ausgelösten Empfindungen und Gedanken.

Schließlich spielen die historischen Zwänge, denen jedes menschliche Individuum unterworfen ist, bei dem Zustandekommen der Individualität eines Menschen eine gewichtige Rolle.

So lässt sich ohne Zweifel absehen, dass die gleichen körperlich-geistigen Strukturen eines Menschen (wie oben dargestellt), wenn man sie in unterschiedliche historische Umfelder einbinden könnte, völlig unterschiedliche Ausprägungen erhielten, wobei ich mir bewusst bin, dass Umwelt und historisches Umfeld in einem engen Zusammenhang stehen, aber doch gewichtige Nuancierungen ergeben können.

Aufgrund dieser einmaligen Konstellation seiner Koordinaten ergibt sich in jedem Menschen eine in originaler Weise gerichtete und wirkende

Kraft, die ihn in seinem Leben ganz bestimmte Schwerpunkte setzen lässt. Das heißt, er hebt in einer ihm eigenen, unwiederholbaren Weise ganz bestimmte Lebensvorgänge und Lebensinhalte hervor und versucht sie in seinem Umfeld durchzusetzen.

Handelt es sich bei zwei Menschen um die gleichen Lebensvorgänge und Lebensinhalte, so werden die Art und Weise, wie sie sie durchsetzen, ihre Gewichtung, ihre Auswahl, ihre Art, sie zu vermitteln (auch abhängig von der äußeren Erscheinung) usw., doch grundverschieden sein.

Und wieder ist Evolution im Zusammenhang mit Programmierung im Spiel: Gerade durch diese unterschiedliche Gewichtung der Lebensvorgänge und Lebensinhalte in den einzelnen Menschen wird eine umfassende Evolution des Geistes unter Berücksichtigung der feinsten Nuancen gewährleistet, und das, weil eben jeder Mensch in originaler Weise programmiert ist.

Wie die Klangfarbe eines Instrumentes von der Konstellation der Obertöne, das heißt von der spezifischen Zusammenstellung, was die Intensität der Obertöne (der Teiltöne) betrifft, abhängig ist, so ist die persönliche Kraft eines Menschen, die von seiner Individualität ausgeht, von einem äußerst komplexen und differenzierten Vorgang abhängig, der eben als ein Zusammenspiel von körperlichen, geistigen, umweltbedingten und historischen Gesetzmäßigkeiten gesehen werden muss.

Da jeder Mensch als Persönlichkeit (als Erscheinungsform seiner persönlichen Kraft) einen solchen Grundtenor seines Denkens und Handelns erkennen lässt, scheint mir dieses Zusammenspiel von Gesetzmäßigkeiten in jedem Menschen zielstrebig systematisch, teleologisch angeordnet, eben programmiert zu sein.

Das heißt, Gott hat jeden Menschen auf ein ganz bestimmtes Ziel hin angelegt, und sei es nur, um bei seinen Mitmenschen einen ganz bestimmten Eindruck zu hinterlassen und ihr Denken und Handeln, lediglich durch seine Existenz, in eine ganz bestimmte Richtung zu lenken.

Johann Wolfgang von Goethe nennt die originale Kraft in jedem schöpferischen Menschen »das Dämonische«. Ich möchte sie mit dem paulinischen »Charisma« gleichsetzen. Diese Kraft kann im Sinne des Schöpfungsplanes positiv oder negativ wirksam werden, das positive Wirken dieser Kraft möchte ich als »Gnade« (charis) bezeichnen.

Gnade ist also, so sehe ich es, die positive Kraft, die Gott jedem Einzelnen aufgrund seiner persönlichen Strukturen, seines Charismas, zufließen lässt.

In diesem Zusammenhang sollte das Gleichnis Christi von den Talenten (Matth. 25.24) erwähnt und bedacht werden. Christus stellt uns drei Knechte vor, denen ihr Herr vor einer Reise sein Vermögen, aufgeteilt in Talente (große Gewichte, wohl einer Geldmenge gleichzusetzen), anvertraut, und zwar offenbar nach ihrer Fähigkeit: dem ersten fünf Talente, dem zweiten zwei, dem dritten eines. Er erwartet von ihnen, dass sie das ihnen Anvertraute während seiner Abwesenheit vermehren, dass sie es arbeiten lassen, gewinnbringend anlegen. Der erste und der zweite Knecht tun dies, der dritte vergräbt das eine Talent und übergibt es dem Herrn nach dessen Rückkehr, wie er es von ihm anvertraut bekommen hat.

Der Herr steht in diesem Gleichnis, wie in vielen anderen dieser Art auch, für Gott, für Christus, mit den Knechten sind wir Menschen gemeint. Der erste und der zweite Knecht handeln nach dem für Gott (für Christus) positiven Verhaltensschema, der dritte verhält sich in negativer Weise.

Auf uns bezogen, sind die Talente mit ebenjenen körperlich-geistigen Strukturen gleichzusetzen, die in jedem von uns in einmaliger, originaler Weise angelegt sind. Die sich aus ihnen ergebende originale Kraft bedeutet den Antrieb, diese Anlagen zu entwickeln und nach außen hin sichtbar zu machen, sie in der Welt wirksam werden zu lassen.

Christus zeigt mit den beiden Verhaltensschemata der Knechte in aller Deutlichkeit, aber auch Unerbittlichkeit, was er, was Gott, von uns Menschen erwartet, dass wir nämlich die uns anvertrauten Talente, die sich aus der einmaligen Konstellation unserer körperlich-geistigen Strukturen ergeben, die unserer Persönlichkeit zugrunde liegen, erkennen, sie mit dem Einsatz aller unserer Kräfte ausbilden und vermehren sowie erweitern und sie im Sinne des Schöpfungsplanes Gottes (im Rahmen der geistigen Evolution) arbeiten lassen.

Unsere Talente sind uns von Gott anvertraut, bleiben aber sein Eigentum; wie in dem Gleichnis die drei Knechte nur während der Abwesenheit des Herrn Verfügungsgewalt über die Talente haben, so können auch wir nur so lange über unsere Talente verfügen, solange wir leben. Gott fordert sie am Ende unseres Lebens von uns zurück und erwartet dann, dass wir mit ihnen gearbeitet haben an der Verwirklichung seines Schöpfungsplanes.

Dem Verhalten und der Handlungsweise der drei Knechte liegt, wie das bei jedem Menschen der Fall ist, die subjektiv freie Entscheidung zugrunde, die auf seiner Individualität beruht. Der erste und der zweite bringen den Mut zum Risiko auf und entscheiden sich dafür, im Sinne ihres Herrn zu handeln, Verantwortung zu übernehmen. Der dritte fürchtet sich vor der Verantwortung, auch sind ihm möglicherweise der Aufwand und der Einsatz der beiden anderen lästig und unbequem. Er entscheidet sich für die Untätigkeit, für das bloße Konservieren, er will lediglich den Status quo ante erhalten.

Das Bemerkenswerte an diesem Gleichnis mit den Talenten ist, dass Gott, der aus Christus spricht, sein Eigentum nicht konserviert, lediglich erhalten, in dem überkommenen Zustand bewahrt, sondern vergrößert, vermehrt, erweitert, weiterentwickelt wissen will.

Der im Sinne Gottes wirkende Mensch soll treibende Kraft seines Offenbarungsplanes hinsichtlich der geistigen Evolution, seines umfassenden Schöpfungsplanes sein. Dies kann der Mensch nur durch jene in ihm wirkende charismatische Kraft und vor allem durch Gottes Gnade, die diese Kraft in seinem Sinne positiv wirksam werden lässt.

Der Spielraum, der unserer subjektiven, persönlichen Freiheit im Rahmen unserer Individualität bleibt, ist, wie oben schon angedeutet, begrenzt. Doch es ist in jedem Fall der Entscheidungsfähigkeit des Selbst im Menschen anheimgestellt, seine persönlichen Strukturen, seine Talente, im Rahmen seiner umweltbedingten und historischen Möglichkeiten anzunehmen oder abzulehnen bzw. sie so oder so oder so einzusetzen. Jeder Einzelne von uns erhält auf diese Weise eine meines Erachtens wichtige Aufgabe in dem Gesamtgefüge des Schöpfungsplanes zugewiesen.

Die beiden Komplexe »Schuld« und die notwendige göttliche Hilfe durch das Phänomen »Liebe« in Jesus Christus, Gottes eingeborenem Sohn

Ich habe im Verlauf meiner bisherigen Gedankengänge schon mehrfach von den Komplexen »Schuld« gesprochen, durch die die Geschichte der Menschheit, die mit der Evolution des Geistes synchron verläuft, bei allen ihren positiven Ergebnissen und Auswirkungen, die durchaus an ihr zu verzeichnen sind, gekennzeichnet ist, Schuld der Individuen, Schuld von Menschengruppen, Schuld von Völkern und Völkergemeinschaften.

Ich habe auch schon aufgezeigt, dass schuldhafte Vorgänge notwendige Faktoren der Evolution sind (»Ärgernisse sind unausbleiblich ...«), dass aber das schuldhafte Verhalten in der Verantwortung des Individuums liegt (»... doch wehe dem, durch den sie kommen«) und dass sich daraus eine scheinbar paradoxe Situation hinsichtlich der Verantwortlichkeit des Menschen für sein schuldhaftes Verhalten ergibt. Wenn Gott Schuld des Menschen voraussieht, weshalb lässt er sie dann geschehen? Könnte unser Leben nicht ohne Schuld ablaufen? Wenn Schuld notwendig ist, weshalb ist dann der Mensch für seine Schuld verantwortlich?

Die eine Antwort auf diese uns allen auf der Seele brennenden Fragen ergibt sich eben aus dem Charakter des Vorganges Evolution.

Die zweite Antwort lässt sich meines Erachtens aus dem Wesen des Selbst ableiten: Gott hat dem Selbst (zu dem Zwecke der Evolution) ein, wenn auch beschränktes, Maß an Autonomie gegeben, das in dem Spielraum der individuellen Freiheit liegt, die für uns zugleich eben Verantwortung bedeutet.

Eine dritte Antwort weisen uns die unterschiedlichen Existenzformen, die göttliche und die menschliche: Wir Menschen sind in die Dimensionen Raum und Zeit eingebunden, die für Gott keine Geltung haben. Wir sehen »Vorsehung« immer in der Vorstellung eines zeitlichen Nacheinanders, das heißt, wir stellen uns vor, Gott hat vor unendlich langer Zeit vorhergesehen, dass der Mensch X zu dem Zeitpunkt Y schuldig wird. Wenn das so wäre, träfe dieser paradoxe Sachverhalt, den ich oben erwähnte, zu.

Wir müssen aber davon ausgehen, dass Gott, unabhängig von unseren Dimensionen, die für die Evolution notwendige Faktoren sind, diese Evolution in einer Simultanschau durchschaut (der Sprache fehlt hier das angemessene Verb), so dass das »Vorhersehen« nicht in einem zeitlichen Zusammenhang zu sehen ist, sondern von Gottes absolutem Sein her: »Ich bin der Ich-bin.« Vorsehung ist eben nicht in unserem Sinne Vorher-Sehung.

Hinsichtlich der Schuld und Verantwortung des einzelnen Menschen ist übrigens eine andere der Ärgernis-Textstellen zuständig: »Wehe der Welt wegen der Ärgernisse! Es müssen ja Ärgernisse kommen, aber wehe dem Menschen, durch den das Ärgernis kommt.« (Matth. 18.7)

Hier unterscheidet Christus zwischen der Gesamtheit der Ärgernisse und dem einzelnen Ärgernis. Das Phänomen Ärgernis (als schuldhaftes Verhalten) wird als notwendige Erscheinung gesehen, der einzelne Vorfall »Ärgernis« jedoch als Produkt eines subjektiv frei entscheidenden Individuums, das als Subjekt schuldig wird. Christus spricht ein zweifaches »Wehe« aus: über die Welt (Gesamtheit der Menschen) und den einzelnen Menschen.

Hier stellt sich auch die Frage nach dem Begriff »Erbsünde«. Für mich ist »Erbsünde« die sich aus den Strukturen unserer Existenz ergebende, als Last zu sehende Möglichkeit, dass wir in subjektiv freier Entscheidung das Böse, Falsche und Unsinnige zu tun in der Lage sind und dass wir uns in jedem bewusst gelebten Augenblick gezwungen sehen, uns diesbezüglich zu entscheiden.

Christus stellt uns »Schuld« in zwei Komplexen vor, wenn er alle Gebote (Richtlinien für ein Verhalten frei von Schuld) in zwei zusammenfasst (Matth. 22.37): »Du sollst den Herrn deinen Gott lieben mit deinem ganzen Herzen und deiner ganzen Seele und mit deiner ganzen Vernunft. Das ist das größte und erste Gebot. Das zweite ist ihm gleich: Du sollst deinen Nächsten lieben wie dich selbst. An diesen beiden Geboten hängt das ganze Gesetz und die Propheten.«

Der erste Komplex bezieht sich auf das Verhältnis des Menschen zu Gott. Hier knüpfe ich noch einmal an den Römerbrief an (Paulus gebrauchte in diesem Zusammenhang den Begriff Vernunft): »… Denn sein unsichtbares Wesen, seine ewige Macht und Göttlichkeit sind seit Erschaffung der Welt an seinen Werken durch die Vernunft zu erkennen. Sie sind darum nicht zu entschuldigen, weil sie trotz ihrer Erkenntnis ihn nicht als Gott verherrlichten …«

Zunächst ist hervorzuheben, dass sowohl in Christi Gebot als auch in der Stelle aus dem Römerbrief die Vernunft des Menschen als wesentlicher Faktor der Liebe zu Gott (denn Verherrlichung setzt Liebe voraus) herausgestellt wird.

Es ist gegen die Vernunft, Gott nicht zu lieben; ja, in beiden Stellen wird es als schuldhaftes Verhalten gekennzeichnet, wenn ein Mensch gegen alle Vernunft Gott nicht liebt und verherrlicht.

Sodann sagt Paulus, wie ich oben schon darlegte, unmissverständlich, dass Gottes Wesen an seinen Werken zu erkennen ist. Die Schöpfung ist gleichsam die Konkretion[3] des göttlichen Geistes, das sichtbare Göttliche.

Auch in jedem Menschen tritt uns ein Teil von Gottes Geist entgegen, ein Bruchteil nur, und in der gesamten Menschheit begegnet uns lediglich ein Minimum des göttlichen Geistes, der unermesslich ist. Jedoch ist es Gottes Geist, der uns auch in den Menschen entgegentritt. Gott hat etwas von seinem Geist, von seinem Willen, von seiner Kreativität, von seiner Liebe in uns hineingelegt, in die Materie, die wir sind.

Gott hat die Menschen, wie gesagt, von Anfang an so werden lassen,

---

3 Einbindung von Mineralien in Gestein

dass sie Schöpfung als Offenbarung des göttlichen Geistes hätten erkennen können, und zwar auf jeder Stufe der Entwicklung des menschlichen Geistes in einer dieser Stufe angemessenen Weise, aber jeweils mit gleicher Intensität.

Die wunderbaren Vorgänge in der Schöpfung hätten hinreichen müssen, zu jeder Zeit, dass die Menschen den einen Gott als den einen Schöpfer, den Erhalter alles Seienden hätten erkennen, glauben und lieben können und müssen.

Dies hätte das Ergebnis jenes logischen Denkvorganges sein können und sein müssen, den Immanuel Kant jedem moralischen Wesen nahelegt und den das Kausalitätsprinzip in jedem Menschen auszulösen vermag, den Denkvorgang, der uns mit notwendiger Gewissheit auf den einen Schöpfergott als letzte Ursache hinführt.

Stattdessen haben sich die einzelnen Menschengruppen und Völker polytheistische Mythen geschaffen, deren Strukturen diesem Denkvorgang widersprechen, der auf e i n e letzte Ursache abzielt, nicht auf mehrere, und die eigentlich immer von kreatürlichen Vorstellungen ausgehen und nie über das Kreatürliche hinausweisen.

So haben sich diese Menschengruppen bzw. Völker für jeden Lebensbereich und für gewisse abstrakte Vorstellungen, die aber mit solchen Lebensbereichen zusammenhängen, und für Vorgänge in der sogenannten Natur jeweils eine zuständige Gottheit gemacht bzw. vorgestellt, mit menschlichen oder kreatürlichen Attributen versehen und ihr Herrschaftsfunktion über ihren Zuständigkeitsbereich gegeben.

Die Menschen haben sich Götter geschaffen! Oft wurde sogar die Familie, die Sippe, in den Göttermythos hineinprojiziert, wie dies z. B. bei den Mythen der Germanen, der Griechen und der Römer der Fall ist. Die Götterfamilie ist nichts weiter als eine überdimensionierte, als unsterblich vorgestellte Menschenfamilie: Zeus, der Göttervater, dessen Verhältnis zu der Göttermutter Hera durch allzu häufige Seitensprünge mit anderen Göttinnen aus der Großfamilie oder mit menschlichen Partnerinnen erheblich beeinträchtigt war, hatte die Herrschaftsgewalt über die Götter und die Menschen inne, doch jede andere Gottheit hatte in ihrem Herrschaftsbereich das Sagen und übte in der Vorstellung der Menschen mehr oder weniger uneingeschränkte Macht aus.

Gerade der mythische Zeus wirkt oft wegen seiner allzu menschlichen Eskapaden grotesk und lächerlich und hat nichts mit der Vorstellung des absolut Göttlichen gemein. Die Israeliten waren im Altertum die einzige Menschengruppe mit der adäquaten Gottesvorstellung.

Aber auch bei diesem Volk gab es nur allzu oft Bewegungen in die falsche Richtung – ich denke z. B. an das Goldene Kalb.

Gerade diese Episode aus dem Buch Exodus zeigt die Gründe dafür auf, warum Menschen sich ihre Götter selbst schufen, was eigentlich gegen die Vernunft ist, im Gegensatz zu dem steht, was im Römerbrief dargestellt wird.

Als Moses den Israeliten zu lange auf dem Berg Sinai bei dem für sie unsichtbaren Jahwe, bei Gott, blieb, verlangten sie von Aaron, dass er ihnen einen sichtbaren Gott mache, den sie vor sich her tragen könnten. Im Grunde war es ihnen gleichgültig, was er ihnen da machte; nur sollte es anschaubar, sichtbar, begreifbar sein.

Aaron gießt ihnen aus dem Goldschmuck ihrer Frauen und Töchter – ein Kalb. Dies ist für uns ein ausgesprochen alberner Vorgang, an dem aber die charakteristischen Merkmale menschlichen Fehlverhaltens Gott gegenüber erkennbar werden.

Gott, der Unsichtbare, der ist, aber sich nicht zeigt, verlangt von uns Menschen, dass wir aufgrund unseres Verstandes und unseres Gefühls sowie der uns über diese beiden Vermögen zufließenden Informationen an ihn glauben und ihn lieben, dass wir an seinen Werken seine Herrlichkeit erkennen und ihm allein Anbetung, Lob und Dank erweisen.

Die hierfür notwendigen Verhaltensmerkmale Vertrauen und Geduld brachten die Israeliten nicht auf, obwohl gerade ihnen Gott so oft sichtbar und spürbar geholfen hatte. Gottes Hilfe und Führung, seine Wundertaten auf dem bisherigen Weg aus Ägypten heraus, waren schnell vergessen. Sie wollten einen Götzen, den sie sehen, sich vorstellen, betasten konnten, deshalb machten sie sich in ihrer undankbaren Naivität einen.

Diese an sich lächerliche Episode zeigt in erschreckender Weise, wie es dazu kommen kann, dass eine Menschengruppe einem Idol, einem Götzen, anhängt und den Glauben an den wahren Gott verliert, in diesem Fall zu verlieren droht.

Hinter all diesen Mythen scheinen, wenn man genau hinsieht, menschliche Interessen, ein schuldhaftes Durchschlagen des Selbst in Einzelpersönlichkeiten oder Gruppen, zu stehen. Die Hüter dieser Mythen, Priester und Priestergruppen, die häufig sogar zugleich die Herrschaft ausüben, in der Regel aber zumindest auf der Seite der Herrschenden stehen, benutzen sie zur Erhaltung und Festigung der Macht dem Volk gegenüber. Mir scheint, dass sogar ihre Entstehung in einem solchen Zusammenhang zu sehen ist.

Übrigens bilden die im Alten Testament dargestellten Vorgänge um die Propheten herum eine Ausnahme; denn diese Männer treten immer wieder als Mahner der Herrschenden und des Volkes auf und sind als die Wahrheit Suchende zu verstehen und als Verkünder göttlicher Weisheit. Derartige Persönlichkeiten finden wir in keiner anderen Kultur. Selbst die Philosophen der Griechen sind mit ihnen nicht zu vergleichen. Sie vertreten, oft unter Einsatz ihres Lebens, die Interessen des einen allmächtigen Gottes Israels gegenüber einer meist sehr wankelmütigen, dem Zeitgeist verfallenen Gesellschaft.

In welch engem Zusammenhang Macht und Religion stehen können, zeigt uns die Vergöttlichung des römischen Kaisers Augustus, den der Senat nach seinem Tod im Jahre 14 n. Chr. zum »divus Augustus« erhob, zum Gott Augustus. Ein derartiges Gottkönigtum gab es bereits in Ägypten, und man kann von einem reziproken Vorgang sprechen, wenn Christus Mensch wird: Gott wird Mensch, während (weil) der Mensch sich zum Gott macht.

Eine derartige Vergöttlichung setzt voraus, dass der betreffende Mensch mit einer übermäßigen Machtfülle ausgestattet ist, dass er im Besitz eines übermäßigen Reichtums ist, dass ihn seine Mitmenschen fürchten, aber auch verehren. Daraus kann sich leicht eine Überdimensionierung des menschlichen Selbst ergeben, die die Schranken durchbricht, die ihm in seiner Begrenzung von Gott auferlegt sind und deren Folge eben eine

Vergöttlichung ist, gleichgültig, ob sie nach außen hin vollzogen wird oder nicht. Hier setzt sich der Mensch ins Unrecht Gott gegenüber, hier liegt Schuld vor.

Die Gefahr der Vergöttlichung menschlicher Existenz betrifft übrigens nicht nur die Herrschenden, sondern jeden Menschen, jeden Einzelnen von uns. Dieses Durchschlagen des Selbst, diese Verselbstung, ist eine sich aus unseren Strukturen ergebende, uns innewohnende ständige Versuchung.

Jede überdurchschnittliche Anlage, jede herausragende Leistung, jede Setzung eines Vorganges, ja oft sogar nur die bloße Vorstellung von alldem können in einem Menschen bewirken, dass er sich als das Maß setzt, dass er sein Selbst als den absoluten Wert ansieht.

Die Gefahr, dass wir Menschen uns überdimensionieren, ist auch deswegen so akut, weil die wahre Instanz, Gott selbst, sich eben nicht unmittelbar zeigt. Weil über uns Menschen keine sichtbare, erkennbare Macht zu sein scheint, sind wir leicht geneigt, uns selbst als die höchste Macht zu setzen. Diese Verselbstung erfasst alle Bereiche des Lebens, und wir Menschen müssen uns ständig vor ihr hüten, wenn wir nicht schuldig werden wollen.

Götzen und Idole gab es zu jeder Zeit und gibt es auch heute noch. Immer dann, wenn Gegenstände, Vorgänge oder Menschen von (anderen) einzelnen Menschen oder Menschengruppen als etwas Herausragendes angesehen werden (häufig wird in diesem Zusammenhang bezeichnenderweise das Wort »angebetet« gebraucht), wenn ihre Bedeutung mit einem übermäßigen Gegenwert gemessen wird, liegt eigentlich ein solch schuldhafter Sachverhalt vor.

Der zweite Komplex Schuld bezieht sich auf das Verhältnis der Menschen zueinander. Auch hier ist Verselbstung die Wurzel allen Übels, auch hier hätte von Anbeginn die menschliche Vernunft das Schuldigwerden vermeiden können.

In dem Gebot »Du sollst deinen Nächsten lieben wie dich selbst« zwingt Christus unser Selbst in seine Schranken, indem er durch das »wie dich selbst« die Bedeutung des anderen Menschen mit dem eigenen Selbst auf die gleiche Ebene stellt.

Hier werden Gleichberechtigung und Gleichwertigkeit aller Menschen proklamiert, und alle revolutionären Ideen und Programme nehmen eigentlich von diesem Gebot ihren Ausgang; denn es hat, wenn man dies auch nicht wahrhaben will, das abendländische Empfinden und Denken in grundlegender Weise geprägt. Letzten Endes sind die Ideen der Französischen Revolution und des Marxismus ohne dieses Gebot gar nicht zu denken. Sie sind die – in ihren Auswirkungen oftmals brutale und wenig menschliche – Antwort darauf, dass diejenigen, die Christi Gebot im Munde führen, es in fast zwei Jahrtausenden nicht geschafft haben, ihm in der Welt Geltung zu verschaffen, es bei sich selbst durchzusetzen. Diese revolutionären Ideen sind die lediglich auf die konkrete Wirklichkeit bezogenen, also rein innerweltlichen Versuche, das zweite Gebot Christi – unter Weglassung des ersten – in der Welt durchzusetzen.

Auch bei diesem zweiten Gebot ist die Vernunft dasjenige menschliche Vermögen, das – von Gott eben auch zu diesem Zweck in uns angelegt – es uns Menschen von Anfang an als töricht hätte erscheinen lassen können, anders zu handeln, als Christus es gebietet.

Mit anderen Worten: Christus fasst lediglich das in seine Gebote (in das erste wie in das zweite), was die von Gott in uns angelegte Vernunft in uns hätte von Anfang an bewirken können.

Der Mensch hätte von Anbeginn seinen Mitmenschen als Schwester oder Bruder erkennen und ihm als Schwester oder Bruder begegnen müssen; seine Vernunft hätte ihm sagen müssen, dass er sich eigentlich selbst etwas Gutes tut, wenn er so verfährt. Denn wenn jeder Mensch von Anfang an jeden anderen so wie sich selbst behandelt hätte, hätte jeder Mensch in Glück und Frieden leben können.

Ich bin mir selbstverständlich dessen bewusst, dass diese an sich konsequente Gedankenführung eine vereinfachende Idealisierung menschlicher Verhältnisse darstellt. Wir Menschen haben ja eben auch nicht so gehandelt; wir haben seit eh und je den anderen Menschen als Gegner, als Feind angesehen und ihn entsprechend behandelt, und so geschieht es auch heute noch. Wohl jeder von uns wurde und wird auch hinsichtlich des zweiten Gebotes Christi schuldig.

Ich habe oben auf jenes reziproke Verhältnis Vergöttlichung des Menschen – Menschwerdung Gottes hingewiesen: Christus kommt zu dem Zeitpunkt der Weltgeschichte in unsere konkrete Wirklichkeit, als die Zeit erfüllt (an Unrecht, an Schuld voll) ist.

Wer einen gewissen Einblick in die Geschichte hat und sich historische Vorgänge bildhaft vorstellen kann, ist in der Lage, diese Aussage zu bestätigen. Was sich hinsichtlich der beiden Komplexe Schuld in der Zeit vor Christus ereignet haben muss, ist ungeheuerlich. Man kann hier eine Unzahl von Gräueltaten, von abscheulichem Fehldenken und Fehlverhalten als Beispiele anführen. Das Alte Testament gibt übrigens reichhaltig Auskunft über diese Vorgänge und Geschehnisse.

Christus setzt als Gegenkraft gegen die Schuld – die Liebe. Was ist das eigentlich – Liebe?

Wie bei vielen anderen Begriffen haben sich auch bei diesem im Laufe der Zeit unterschiedliche Bedeutungen und Vorstellungen ergeben. Wenn ich einen beliebigen Mitmenschen nach der Bedeutung dieses Wortes frage – ich muss davon ausgehen, dass er nicht weiß, dass es auch in der christlichen Religion eine Rolle spielt –, wird er mir wahrscheinlich sagen, dass es eine enge Bindung zwischen Mann und Frau kennzeichne, möglicherweise wird er es sogar lediglich mit Sexualität gleichsetzen.

Vielleicht lässt sich dieser Begriff tatsächlich am sinnfälligsten von der Bedeutung »enge Bindung zwischen einer Frau und einem Mann« her aufschlüsseln, weil bei dieser Bedeutung der Erlebnishorizont eigentlich fast aller Menschen angesprochen ist und deswegen der Zugang zu diesem Begriff am leichtesten fällt.

Zwei Menschen, ein Mann, und eine Frau, mit unterschiedlichen äußeren Erscheinungsbildern und unterschiedlichen inneren Wirklichkeiten begegnen einander. Ihre äußeren Erscheinungsbilder, ihre körperliche Beschaffenheit, ihre Bewegungen, ihr Mienenspiel, sind so, dass sie einander gefallen, dass sie sich zueinander hingezogen fühlen.

Durch das, was sie miteinander reden, durch ihre Gesten, ihre Mimik lernen sie gegenseitig ihre inneren Wirklichkeiten kennen – was übrigens bei weitem niemals voll und ganz geschehen kann –; auch diese entsprechen einander, und es entsteht die Sehnsucht nach dem Du, der unbedingte Drang zueinander, dessen äußerliches Zeichen die körperliche Vereinigung ist.

Dies alles wäre nicht Liebe, wenn nicht die unbedingte, endgültige Annahme der anderen Wesenheit, des Du, des anderen Menschen, hinzukäme, und zwar zeitlich unbegrenzt. Erst dieser gegenseitige geistige Akt vermittelt beiden Partnern das Gefühl der Geborgenheit, die ein Abglanz der von uns erhofften Geborgenheit in jener anderen absoluten Wirklichkeit bei Gott ist, nach der wir uns alle sehnen.

Die Liebe zu unseren Mitmenschen, die Christus meint, die Caritas, kann nicht in allem die Merkmale jener engen Hingabe in dem Verhältnis zwischen liebender Frau und liebendem Mann tragen. Doch ihr wichtigstes Merkmal ist auch hier gegeben: die Annahme der anderen Wesenheit, des Du, des anderen Menschen, so, wie er ist.

Voraussetzung hierfür sind die Wesenszüge, die der Apostel Paulus in seinem ersten Korintherbrief an der Liebe erkennt: »Die Liebe ist langmütig, gütig ist die Liebe, die Liebe ist nicht eifersüchtig, sie prahlt nicht, ist nicht aufgeblasen. Sie handelt nicht taktlos, sie sucht nicht den eigenen Vorteil, sie lässt sich nicht erbittern, sie trägt das Böse nicht nach. Sie freut sich nicht über das Unrecht, freut sich vielmehr an der Wahrheit. Alles deckt sie zu, alles glaubt sie, alles hofft sie, alles erträgt sie. Die Liebe hört niemals auf.«

Die Sehnsucht nach der Geborgenheit in der absoluten Wirklichkeit bei Gott ist auch die Triebkraft für die Liebe zu Gott, dessen Wesen wir ja nicht unmittelbar, sondern nur an seinen Werken, an dem, was er hat werden lassen, einschließlich des Menschen, erkennen können.

Was er hat werden lassen, was er jeden Augenblick werden lässt, was er durch seine unzähligen Gesetzmäßigkeiten hervorbringt, immer wieder ist so großartig und so wunderbar, dass wir sein Wesen lieben müssen, dass wir uns nach ihm sehnen müssen, und gerade diese Sehnsucht gibt mir die Gewissheit der Vereinigung mit ihm in seiner absoluten Wirklichkeit.

Seine Liebe zu uns Menschen zeigt sich darin, dass er uns trotz unseres

Versagens hinsichtlich der beiden Komplexe Schuld seinen eingeborenen Sohn Jesus Christus, den Inbegriff seiner Liebe, in unsere konkrete Wirklichkeit, in unsere Dimensionen Raum und Zeit gegeben hat, damit er uns durch sein Leben, seine Lehre, sein Sterben und sein Auferstehen die Möglichkeit gebe, so zu werden, wie er, wie Gott, menschliche Existenz in seinem Schöpfungsplan vorsieht. Er ist der notwendige Regulator dieses Schöpfungsplanes.

Ohne die Hilfe, die er uns Menschen durch seine Worte und Werke gegeben hat, wäre die Menschheit auf dem Weg weg von Gottes Plan geblieben und hätte sich in einen Zustand der Unmenschlichkeit gebracht, den wir uns nur schwer vorstellen können. Eine Speicherung in dem oben beschriebenen Sinne wäre sinnlos geworden, weil das Gute neben dem Bösen sein Gewicht verloren hätte und eine Speicherung des überwiegend Bösen gegen den Willen Gottes sein muss.

Alles, was Christus sagt und tut, ist Ausdruck der göttlichen Liebe, seine Belehrungen, die Bergpredigt, seine Gleichnisse, seine Wunder, sein Leiden, sein Tod, durch den er unsere Schuld auf sich nimmt, seine Auferstehung und seine Rückkehr in seine, seines Vaters absolute Wirklichkeit. Es gibt keinen Menschen, der wie er Liebe schlechthin, Liebe als Prinzip verkörpert. Er ist die Inkarnation des Geistes Gottes, und das eine wesentliche Merkmal dieses Geistes ist die Liebe.

Christi Leben und Wirken in dieser Welt hat die Menschheit hinsichtlich ihres schuldhaften Verhaltens, zumindest was die äußeren Abläufe anbetrifft, nicht grundlegend verändert. Wenn wir an unsere jüngste Vergangenheit denken, müssen wir sogar feststellen, dass es wahrscheinlich nie vorher ein derartiges Ausmaß an Schuld gegeben hat wie während des Dritten Reiches. Und auch in der Gegenwart erleben wir an vielen Orten der Welt eine erschreckende Anhäufung schuldhafter Vorgänge.

Selbst in der Geschichte der Kirche (der Kirchen) Christi haben die beiden Komplexe Schuld eine nicht zu übersehende Rolle gespielt, und es stimmt einen von der Basis der Kirchen her schon traurig, wenn man erkennen muss, dass die Institution Kirche (dies betrifft nicht die einzelnen Individuen in ihr) angesichts der Fehlentwicklungen, die ohne Zweifel als Folgen schuldhaften Verhaltens während der zweitausend Jahre ihres Bestehens stattgefunden haben, der Welt wenig Reue, Einsicht und Demut zeigt. Der Fall Galilei ist diesbezüglich ein symptomatischer Vorgang.

Schon nach den Christenverfolgungen der ersten drei Jahrhunderte sind ihr unverzichtbare Wesenszüge des Geistes Christi verloren gegangen. Mit der Erhebung des Christentums zur Staatsreligion durch Theodosius im Jahre 380 wurden alle Völker und damit alle Menschen im Römischen Reich gezwungen, die christliche Lehre als Religion anzunehmen. In dem Erlass des Theodosius heißt es: »Alle Völker ... sollen, das ist unser Wille, die Religion annehmen, die der göttliche Apostel Petrus den Römern gepredigt hat ...«

Christus hat Menschen gelehrt, überzeugt, bekehrt, aber nie gezwungen, an ihn zu glauben, ihm zu folgen. Die freie Entscheidung für oder gegen ihn, die sich eigentlich aus dem Gebot der Liebe ergibt, das Ja-Sagen des Individuums sind Grundelemente der christlichen Idee. Durch den sehr schnell erfolgten Wandel von der verfolgten Kirche zur Reichskirche, die die Staatsreligion vertritt, ist an die Stelle der freien Entscheidung des Individuums weitgehend der Zwang getreten und sei es der Zwang, der sich durch die Geburt ergibt und der einen automatisch einer bestimmten Glaubensrichtung angehören lässt.

Durch die Verbindung mit den politisch Mächtigen hat die Kirche selbst politische Macht erhalten, diesen Zwang durchzusetzen, und sie ist, weil dies sich immer als sehr nützlich erwies, bis in das vorige Jahrhundert hinein weitgehend auf der Seite des Herrschenden, der Mächtigen, geblieben. Diese wiederum ließen ihr immer mehr politische Macht zukommen (z. B. durch die Pippinische Schenkung), so dass sie selbst zu einer staatlichen Einheit wurde. Mehrere Jahrhunderte lang hat sie sich als Institution mit wenig anderem als dem Erhalten und der Erweiterung ihrer Macht beschäftigt. Die Machtkämpfe zwischen Kaiser und Papst legen hiervon Zeugnis ab. Ich glaube nicht, dass Christus dies seinen Aposteln und Jüngern als Auftrag mit auf den Weg gegeben hat.

Natürlich ist auf diese Weise die christliche Religion effektiv, zunächst über ganz Europa, dann über die ganze Welt, verbreitet worden, doch die Mittel, die dabei angewandt wurden, entsprachen allzu oft nicht dem Prinzip der Liebe, das Christus in seinem Gebot verankert hat.

In seinem Namen und im Namen seiner Kirche wurden ungeheuerliche Gräuel verübt. Vielfach wurde der christliche Glaube mit Ausbeutung, Raub, Folter, Mord verbreitet; anstatt ihnen die Freiheit der Entscheidung zu lassen, wurden die Menschen gezwungen, ihn anzunehmen. Ich denke hierbei an die Christianisierung der Sachsen und vor allem Mittel- und Südamerikas sowie Afrikas und Asiens.

Wenn es auch die politischen Machthaber waren, die die betreffenden Expeditionen durchgeführt haben, so stand doch die Kirche hinter all diesem Unrecht und gab ihren Segen dazu.

Die Kreuzzüge im Namen Christi und seiner Kirche, denen letzten Endes der Erfolg versagt blieb, haben unsägliches Leid über den südöstlichen Teil Europas und den Vorderen Orient gebracht und sind eigentlich die Wurzel der Feindschaft und des Hasses zwischen Mohammedanern und Christen, unter denen wir auch heute noch leiden. Gemessen an den fürchterlichen Auswirkungen, die sie gehabt haben, waren sie unnötige Unternehmungen; denn die Lebensumstände der Christen und der Pilger im Heiligen Land, die sie bessern sollten, haben sich nach diesen verheerenden Kriegen eher verschlechtert, und der kulturelle Austausch sowie die durch sie geförderten Handelsbeziehungen mit dem Vorderen Orient hätten sich im Laufe der Zeit auch ohne das abscheuliche Blutvergießen ergeben.

Gerade durch diese Kreuzzüge und in ihrem Verlauf wurden der Hass und die Verachtung den Juden gegenüber, die ja nicht erst im Dritten Reich aufgekommen sind, sondern die sich eigentlich seit zweitausend Jahren entwickelt und gesteigert haben, geschürt, und es kam zu furchtbaren Ausschreitungen (z. B. in Mainz), denen Tausende von Juden zum Opfer fielen. Auch hier trägt die Kirche einen großen Teil der Schuld; denn obwohl das Christentum aus dem Judentum hervorgegangen ist und obwohl die bedeutenden Gestalten des Alten Testaments – die Patriarchen, Moses, die Könige und die Propheten – von der christlichen Lehre vereinnahmt wurden und ihnen in ihr eine wesentliche Rolle zukommt, wurde das jüdische Volk pauschal als »Gottesmörder« gebrandmarkt, und die Verfolgungen, die die Juden vor allem seit dem Mittelalter zu erdulden haben, beruhen auf einem von der Institution Kirche getragenen und durch die kirchliche Gesetzgebung (4. Laterankonzil) begünstigten Klima des Abscheus vor dem Judentum. Zwar haben sich einige Päpste (z. B. Calixtus II.) und herausragende Persönlichkeiten (Bernhard von Clairvaux) für die Juden eingesetzt, doch für die große Mehrheit waren sie verachtenswerte Menschen.

Ohne Verständnis stehen wir heute auch der Behandlung der von der Meinung der Institution Kirche hinsichtlich der Glaubensinhalte und besonders der kirchlichen Lebensgemeinschaft abweichenden Brüder und Schwestern, der sogenannten Ketzer, gegenüber. Ihre in den meisten Fällen begründete Kritik – ich werde darauf noch zurückkommen – wurde mit Folter und Tod (nach unserer heutigen Meinung war es Mord) geahndet.

Das Gleiche gilt für die Hexenprozesse, denen unzählige Frauen, aber auch Männer zum Opfer fielen und an denen die Institution Kirche ebenfalls maßgeblich beteiligt war.

Die Institution Kirche hat – wir Christen müssen darüber tiefe Reue empfinden – über lange Zeiträume hinweg gegen das Gebot Christi »Liebe deinen Nächsten wie dich selbst!« verstoßen – wie gesagt, in seinem Namen.

In diesem Zusammenhang bekommen die Worte Christi einen erschreckenden Bezug: »… Aber das alles werden sie euch antun um meines Namens willen …« (Joh. 15.21) und »… Ja es kommt die Stunde, wo jeder, der euch tötet, Gott einen heiligen Dienst zu erweisen glaubt …« (Joh. 16.2).

Als besonders markantes Beispiel ist in diesem Zusammenhang wohl der Fall Girolamo Savonarola (1452–1498) zu nennen, der als Prior des Dominikanerklosters San Marco in Florenz in seinen Bußpredigten die Laster der Gesellschaft und die Sittenlosigkeit der Kurie anprangerte, die Züchtigung und Reform der Kirche prophezeite und die Herrschaft der Medici bekämpfte. Nach der Vertreibung dieses Herrschergeschlechts aus Florenz 1494 erstellte er für die Stadt eine demokratische Verfassung unter theokratischer Führung. Er wurde von dem Borgia-Papst Alexander VI. exkommuniziert, von der Stadtbehörde nach erpressten und gefälschten Geständnissen als Häretiker und Schismatiker zum Tode verurteilt, gehenkt und verbrannt. Er wird vielfach als Heiliger verehrt.

Das Schicksal dieses Menschen, der – so muss man annehmen – vom Geist Christi durchdrungen, die Institution Kirche, die zu dieser Zeit eben nicht von Christi Geist getragen war, und mit ihr die Menschen, auf den rechten Weg zu bringen suchte, lässt einen schon über den Absolutheitsanspruch dieser Kirche nachdenken, zumal bei den anderen reformbestrebten Menschen gerade der Renaissance, die ebenfalls als Ketzer den Tod fanden, ähnliche Konstellationen vorlagen.

Der oben genannte Anspruch der Institution Kirche, der sich von der Verheißung Christi »Ich bin bei euch alle Tage bis ans Ende der Welt« (Matth. 28.20) und der Ankündigung des Heiligen Geistes »Wenn jener aber kommt, der Geist der Wahrheit, wird er euch zur vollen Wahrheit führen« (Joh. 16.13) sowie von dem Pfingstgeschehen (Apg. 2.1) und der Einsetzung des heiligen Petrus (Matth. 16.13) und vielen anderen Textstellen herleitet, hat bei ihren Gliedern, den Menschen in ihr, im Laufe der Jahrhunderte und der zwei Jahrtausende die Meinung bzw. Grundstimmung entstehen lassen, dass alles, was in ihr geschieht, im Namen und mit der Billigung Christi geschehen könne und auch dürfe.

Tatsache ist, dass alle Glieder dieser Kirche, auch der Papst, die Bischöfe und Priester, Menschen sind, die der Möglichkeit des Irrtums und der Schuld ausgesetzt sind.

Dass Christus seine Kirche, aufs Ganze gesehen, leitet (hier sind alle Menschen, die sich zu ihm bekennen, gemeint), dass sein (Gottes) Geist sie, aufs Ganze gesehen, lenkt, bleibt unbestritten, das ist meine feste Überzeugung. Nur sehe ich halt auch, dass als Folge jenes Absolutheitsanspruchs und der aus ihm resultierenden Grundstimmung sich bisweilen eine sehr unsensible Art des Umgangs mit der Wahrheitsfindung und mit den Menschen, die sich mit Wahrheitsfindung befassen, ergeben hat und heute immer noch ergibt.

Und diese unsensible Haltung, die ich, so leid es mir tut, in dem historischen Erscheinungsbild und auch in der gegenwärtigen Verfassung der Kirche (der Kirchen) wahrnehmen muss, hat zu oft extrem schuldhaftem Verhalten einzelner Individuen sowie von Menschengruppen und Strömungen in dieser Institution geführt, und, wie ich es sehe, ist dies auch heute noch der Fall.

Wenn ich oben feststellte, dass Christi Leben und Wirken in dieser Welt die Menschheit hinsichtlich ihres schuldhaften Verhaltens, was die äußeren Abläufe anbetrifft, nicht grundlegend verändert hat, so muss ich mit allem Nachdruck dagegenhalten, dass unzählige Menschen als Individuen und als Gruppen der Lehre und dem Beispiel Christi gefolgt sind (und dies auch heute noch tun) und ihr Leben in seinem (in Gottes) Sinne eingerichtet und gestaltet haben.

All das, was in seinen Auswirkungen dem Gebot Christi, dem Gebot der Liebe zu Gott und zu den Menschen, entspricht, ist durch Menschen zustande gekommen, die versucht haben (versuchen), diesem Gebot in der Wirklichkeit Geltung zu verschaffen.

Ich habe schon mehrfach darauf hingewiesen, dass die Entwicklung der Menschheit im Ganzen gesehen im Sinne Christi positiv verlaufen ist, und zwar aufgrund der innermenschlichen Vorgänge, die das Gebot Christi in, wie gesagt, unzähligen Menschen ausgelöst hat. Diese innermenschlichen Zusammenhänge sind nur eben äußerlich nicht wahrzunehmen, trotzdem haben sie ein meines Erachtens durchaus angemessenes Gegengewicht allen negativen Erscheinungen gegenüber hergestellt.

Ist es auch seitens der Kirche (der Kirchen), wie oben dargestellt, zu vielen schuldhaften Vorgängen gekommen, so ist von ihrem Boden aus doch in unzähligen Menschen als Individuen der Geist Christi (Gottes) und sein Gebot der Liebe zur Geltung gekommen. Denn sie ist das Medium, das diesen Geist und dieses Gebot über zwei Jahrtausende hinweg auf die Menschen übertragen hat.

Es war nicht der Auftrag und nicht der Wille Christi, die Menschheit mit einem Schlag so zu verändern, dass sich von jetzt auf nun ideales Verhalten der Menschen ergeben hätte. Zum einen – das zeigt er immer wieder durch seine Worte und sein Verhalten – galt ihm die subjektiv freie Entscheidung des einzelnen Menschen als Individuum als einer der höchsten Werte menschlicher Existenz (eine Veränderung des Verhaltens der Menschheit mit einem Schlag wäre nicht das Ergebnis einer solchen Entscheidung des einzelnen Menschen).

Zum anderen – und das hängt mit dieser subjektiv freien Entscheidung des einzelnen Menschen als Individuum zusammen – will Gott, will Christus eben Evolution, fortschreitende Entwicklung des menschlichen Geistes.

Von daher gesehen, müssen wir alle negativen Erscheinungen – Schuld des Einzelnen und der Gruppe bleibt Schuld –, die sich im Laufe der Menschheitsgeschichte ergeben haben (auch in der Kirche Christi), als notwendige Stufen dieser Entwicklung ansehen. Dass eine Entwicklung zum Besseren stattgefunden hat, habe ich oben dargelegt. Ich wiederhole lediglich Folgendes: Ich möchte nicht unter den materiellen sowie geistigen Voraussetzungen irgendeiner vergangenen Zeit leben müssen. Dies gilt auch hinsichtlich meiner Zugehörigkeit zu der Kirche Christi.

Zu bedenken bleibt noch, dass unsere Kultur, die Kultur des Abendlandes, die wir in hohem Maße zu schätzen wissen und die unser geistiges Erbe ausmacht, eben auch weitgehend auf dem Boden schuldhaften Verhaltens der Vergangenheit gewachsen ist; durch oft skrupellose Ausbeutung der niederen Stände und niederen Schichten der Bevölkerung wurden die materiellen und finanziellen Mittel bereitgestellt, mit denen die Fürsten und die hohe Geistlichkeit ihr Bedürfnis nach Entfaltung ihrer Macht stillten. Und dies bedeutete, dass die Künste und die Wissenschaften, das Handwerk und das Kunsthandwerk zu den Leistungen angeregt wurden, die uns den unschätzbaren Fundus unserer Kultur geschaffen haben.

Auch hier also werden wir mit der Evolution des Geistes als mit einem Prozess konfrontiert, bei dem Schuld als notwendiger Faktor eine wesentliche Rolle zu spielen scheint.

Die Offenbarung Gottes durch die bedeutenden Gestalten des Alten Testaments und durch Jesus Christus, seinen eingeborenen Sohn.

Wir Menschen haben die Offenbarung durch die Vernunft, die Gott in uns und angelegt hat, wie ich schon darlegte, weitgehend nicht angenommen.

Die Schuld daran trägt, wie gesagt, zum einen unser Hang nach Anschaubarem, Begreifbarem, Konkretem, verbunden mit einem Mangel an Bereitschaft, Gott durch ebendiese Vernunft – unabhängig von der konkreten Wirklichkeit – in seiner absoluten Wirklichkeit anzuerkennen, an ihn zu glauben. Gott verlangt von den Israeliten, und mit ihnen auch von uns, diese Abstraktion: »Du sollst dir kein geschnitztes Bild machen« (Exodus 20.4). Zum anderen hat das Durchschlagen des Selbst in Individuen oder Gruppen den Glauben an den absoluten Gott verhindert. Zudem haben wir auch hinsichtlich unseres Verhältnisses zu unseren Mitmenschen von Anfang an versagt.

Gottes Erbarmen kommt uns Menschen zu Hilfe, er offenbart sich direkter in den großen Gestalten des Alten Testaments. In Abraham zeigt er uns einen Menschen, der seinen Vorstellungen entspricht. Abraham aus Ur besitzt nämlich die Stärke, an den einen Gott in seiner absoluten Wirklichkeit zu glauben und ihm bedingungslos zu vertrauen.

Abraham stammt aus dem chaldäischen Ur in dem sogenannten Zweistromland Mesopotamien, dem heutigen Irak. In diesem Land zwischen

Euphrat und Tigris, das als die Wiege der abendländischen Kultur gilt, entwickelten die Sumerer, ein Volk mit hohen geistigen, handwerklichen und technischen Fähigkeiten und Fertigkeiten, die erste Schrift der Menschheit, die Keilschrift, errichteten bewundernswerte Bauwerke von immensen Ausmaßen, die sogenannten Zikkurats (Turmbau zu Babel), erwarben sich weitgehende astronomische Kenntnisse und nutzten sie für ihre astrologischen Deutungen aller Lebensvorgänge und bildeten in ihren Stadtstaaten hochentwickelte Verwaltungssysteme aus. In ihrer polytheistischen Mythologie stellten sie sich transzendente Götter in menschlicher Gestalt vor, mit dem höchsten Gott Anu.

Abraham löste sich von dieser polytheistischen Mythologie und folgte der Berufung des einen allmächtigen Gottes. Sein Vater Terach war mit ihm und seinem Neffen Lot, schon bevor Gottes Ruf an ihn erging, aus Ur nach Haran gezogen. Hier befahl ihm Gott eine weitere Wanderung, die Wanderung in das Land Kanaan. Und Abraham gehorchte. Mit seiner Frau Sarai und seinem Neffen Lot sowie mit ihren Knechten, Mägden und Tieren und mit ihrer Habe zogen sie von Haran in das Land Kanaan.

Bemerkenswert ist sein Verhältnis zu seinen Mitmenschen in dieser frühgeschichtlichen Zeit, in der man eher ein egozentrisches Verhalten der Menschen zueinander erwartet. Er zeigt die Bereitschaft zum Kompromiss und zum Nachgeben: Als ein Streit zwischen seinen Knechten und den Knechten Lots um die besseren Weideplätze für das Vieh auszubrechen droht, lässt er Lot die Wahl, und dieser wendet sich der fruchtbaren Ebene des Jordan zu, während Abraham das offensichtlich weniger gut bewässerte Land Kanaan als Weideland wählt.

Als Jahwe die Stadt Sodom, in der Lot seither lebte, und die Stadt Gomorra wegen der sündhaften Lebensweise ihrer Bewohner vernichten will, erkennen wir an Abraham ein erstaunliches Mitgefühl mit seinen Mitmenschen: Gottes Zorn nicht fürchtend, bittet er ihn bis zuletzt, die Menschen in diesen Städten zu verschonen.

Lot selbst und mit ihm gefangene Könige befreit er uneigennützig aus der Gefangenschaft und verzichtet für sich und seine Knechte auf die ihnen zustehende Beute. Als er die Befreiung durchgeführt hat, zieht ihm

Melchisedech, der Priesterkönig von Salem, entgegen – er ist Priester des höchsten Gottes – und vollzieht mit ihm unter Segenssprüchen das Opfer von Brot und Wein. Melchisedech hat erkannt, dass Gott mit Abraham ist.

Sein bedingungsloses Vertrauen zu dem allmächtigen Gott zeigt er, als er bereit ist, seinen Sohn Isaak, den Gott ihm in seinem hohen Alter geschenkt hat, als Opfer darzubringen. Gott wollte diese bedingungslose Ergebenheit lediglich an ihm erkennen und lehnt dieses Opfer ab.

Gott offenbart uns an dem Patriarchen Abraham, dem Stammvater des Volkes Israel, Verhaltensweisen, die dem Gebot Christi, dem Gebot der Gottesliebe und der Nächstenliebe, durchaus entsprechen. Abraham glaubt und gehorcht dem allmächtigen Gott und liebt ihn bis an die Grenze zur Selbstaufgabe, und er setzt sich in gleicher Weise für seine Mitmenschen ein. Zwar können wir heute sein Verhalten seiner Frau Sarai (Sara) gegenüber nicht verstehen, als er von ihr verlangt, dass sie sich in Ägypten dem Pharao und in Gerar dem König Abimelech als seine Schwester ausgibt und sich dadurch der Hingabe an diese beiden Männer aussetzt. Doch wenn wir genauer hinsehen, dienen auch diese beiden Handlungszüge des Menschen Abraham, wie eigentlich alles, was er tut, der Erhaltung des Friedens in einem Umfeld, das ein derartiges altruistisches Verhalten, wie er es an den Tag legt, nicht kennt. Er geht der Gewaltanwendung soweit wie möglich aus dem Wege; lediglich um seinen Neffen Lot zu befreien, gebraucht er sie, und da Gott es ihm befiehlt, ist er bereit, seinem Sohn gegenüber Gewalt anzuwenden, was Gott aber verhindern lässt.

Die Geschichte Josephs, des Sohnes von Jakob und Rachel, in dessen Leben Gott uns seine fürsorgliche Gnade zeigt, konfrontiert uns einerseits mit der unbarmherzigen Feindschaft aus Neid und der abscheulichen Brutalität der Brüder sowie der skrupellosen Rache der Frau des Potiphar als Folge ihrer misslungenen Verführungsversuche und ihrer verletzten Eitelkeit. In beiden Fällen ist Joseph das Opfer. Doch Gott hält seine Hand über ihn und lässt den begabten Traumdeuter zum höchsten Amt neben dem Pharao aufsteigen und zum Lenker Ägyptens in guten und schlechten Jahren werden. Auf der anderen Seite erleben wir Josephs ehrenhafte

Standhaftigkeit gegenüber der schamlosen Frau, seine unverzagte Geduld angesichts der Strafe, die er als Unschuldiger erleiden muss, seine Demut Gott gegenüber und seine Bereitschaft, seinen Brüdern zu verzeihen, die ihm all dies Leid zugefügt haben.

An diesem erschütternden Menschenschicksal berührt uns vor allem, wie Joseph seinen Brüdern, die ihn in unmenschlicher Weise als Sklaven verkauft haben, nachdem er sie mehrfach hart geprüft hat, ob sie ihr niederträchtiges Wesen geändert hätten, rückhaltlos vergibt und ihnen in Ägypten zu Reichtum und Ehre verhilft.

Durch Moses wird uns der unmittelbare Kontakt zwischen Gott und uns Menschen erkennbar. Ihm tritt er in dem brennenden Dornbusch gegenüber und gibt ihm den Auftrag, sein Volk Israel aus der Hand der Ägypter zu befreien. Er selbst ist als brennende Säule der Führer seines Volkes aus Ägypten und durch die Wüste. Er selbst teilt diesem Volk, das trotz seiner Gegenwart immer wieder an seiner Macht zweifelt, über Moses seinen Willen mit und sagt uns durch ihn in den Zehn Geboten, wie wir uns nach seinen Vorstellungen verhalten sollen. In ihnen spricht er uns Menschen gegenüber aus, was uns eigentlich unsere Vernunft von Anfang an hätte sagen müssen und was Christus in seine zwei Gebote zusammenfasst. Unermüdlich setzt sich Moses sein ganzes Leben lang immer wieder dafür ein, dass Gottes Wille auf das Volk übertragen und bei ihm durchgesetzt wird, oftmals vergebens.

Der König David hinterlässt uns in seinen Psalmen ein dichterisches Werk von hoher Qualität. In ihnen stellt er in einer uns auch heute noch zugänglichen dichterischen Sprache die Herrlichkeit Gottes und seiner Werke, den Dank des Menschen und sein Verhältnis zu seinem Schöpfer in allen Lebenslagen dar. Sein Verhalten als König und Mensch wird von dem Propheten Natan, der ihm immer wieder den Willen Gottes kundtut, in bemerkenswerter Weise kommentiert. Als David schwere Schuld auf sich lädt – er sorgt dafür, dass Urija in der vordersten Frontlinie gegen die Ammoniter fällt, damit er (David) sich dessen Frau Batscheba zur Ehe nehmen kann –, führt Natan ihm durch ein Gleichnis sein Vergehen Gott und dem Menschen gegenüber vor Augen und bringt ihn dazu, dass er tiefe Reue empfindet und Gott um Verzeihung anfleht.

Mit Natan beginnt die Reihe der Propheten, durch die Gott zu den Königen und zu dem Volk spricht und durch die er ihnen seinen Willen übermittelt. Es sind mutige Männer, die, oft unter dem Einsatz ihres Lebens (ich habe schon darauf hingewiesen), das starrsinnige Volk Gottes und seine in vielen Fällen Gott nicht wohlgefälligen Herrscher auf den rechten Weg zu führen suchen und ihnen in der babylonischen Gefangenschaft Mut und Trost zusprechen. Es sind die herausragenden Gestalten, die in ihren Prophetien voll Weisheit und Gotteserkenntnis auf Christi Kommen und auf sein göttliches Wesen sowie auf Zusammenhänge in seinem Leben hinweisen, vieles sogar detailliert voraussagen. Auch werden die Auswirkungen seines Erscheinens in unserer Welt sowie endzeitliche Vorgänge geschildert.

Da ist nach Natan zunächst der Prophet Elias zu nennen, der den König Achab und dessen Frau Isebel, die in Israel dem Baal und anderen Götzen opfern ließen, auf den rechten Weg zu bringen suchte. Vor Isebel flieht er in die Wüste, weil sie ihn töten lassen will. Entmutigt von seinen Misserfolgen, legt er sich unter einen Ginsterbusch und will sterben. Ein Engel reicht ihm Brot und Wasser und ermutigt ihn, zum Berg Horeb (Sinai) zu wandern, auf dem ihm Gott in einem sanften Säuseln des Windes begegnet. Und Gott schickt ihn wieder zurück, damit er in seinem Sinne unter den Menschen handelt und wirkt. In Elias stellt uns Gott einen Menschen vor, mit dem sich wohl jeder von uns identifizieren kann. Wie er sind wir oft des Schaffens müde und möchten am liebsten aufgeben. Und wie er werden wir immer wieder von Neuem vor die Notwendigkeit zu handeln und zu wirken gestellt.

Den Propheten Isaias (geb. um 770 vor Christus), der in dem Südreich Juda wirkte, erleben wir als einen unermüdlichen Bekenner Jahwes, des allmächtigen Gottes. In scharfer Form und mit einer glühenden Sprache brandmarkt er die Missstände seiner Zeit, warnt er vor einer Gestaltung der Zukunft, die nicht im Sinne Gottes ist, und entwirft endzeitliche Visionen mit apokalyptischen Bildern. Er weist auf die Geburt Christi hin:

»Seht, das junge Mädchen wird empfangen und einen Sohn gebären und seinen Namen Immanuel nennen« (7.14), eine Textstelle, auf die Matthäus (1.23) sich bezieht. Er kündigt den gerechten König an und den durch ihn hergestellten Zustand des Friedens: »Dann wohnt der Wolf bei dem Lamm und lagert der Panther bei dem Böcklein. Kalb und Löwenjunges weiden gemeinsam, ein kleiner Knabe kann sie hüten. Die Kuh wird sich der Bärin zugesellen, und ihre Jungen liegen beieinander; der Löwe nährt sich wie das Rind von Stroh. Der Säugling spielt am Schlupfloch der Otter, und in die Höhle der Natter streckt das entwöhnte Kind seine Hand. Sie schaden nicht und richten kein Verderben an auf meinem ganzen heiligen Berg. Denn das Land ist voll der Erkenntnis Jahwes, wie die Wasser das Meer bedecken« (11.6–9). In einer anderen Textstelle (2.4) spricht er von dem Berg Jahwes, zu dem alle Völker strömen, von dem aus er »richten (wird) zwischen den Völkern und vielen Nationen Schiedsrichter sein (wird). Sie werden umschmieden ihre Schwerter zu Pflugscharen und ihre Speere zu Winzermessern. Nimmer wird Volk gegen Volk zum Schwerte greifen; üben wird man nicht mehr zum Krieg.« Jesaias spricht hier aus, wonach sich die vernünftigen Menschen aller Zeiten gesehnt haben.

Der Prophet Daniel, der als junger Mann um 600 vor Christus nach Babylon verbannt wurde (unter Nabuchodonosor II.) und daselbst zu einem Staatsbeamten in hohen Diensten aufstieg, gilt uns als leuchtendes Vorbild durch seinen unerschütterlichen Glauben an Gott und sein Vertrauen auf ihn. Bemerkenswert diesbezüglich sind die Erzählungen von den drei Gefährten im Feuerofen sowie seine Errettung aus der Löwengrube. Als kluger und gerechter Richter im Namen Gottes erweist er sich Susanna gegenüber, die unschuldig des Ehebruchs angeklagt und zum Tode verurteilt wird. Er verhört die beiden Ankläger getrennt, verwickelt sie in Widersprüche und erweist so die Unschuld der Frau. Faszinierend sind Daniels Traumdeutungen und seine Endzeitvisionen, die vieles gemein haben mit der Geheimen Offenbarung des Johannes.

Gottes auserwähltes Volk, das sich unter den Nachfolgern Salomons in ein Nordreich (Israel) und ein Südreich (Juda mit der Hauptstadt Jerusalem) gespalten hat, ist in vielem nicht den Weg gegangen, den Gott gewollt hat. Immer wieder berichtet das Alte Testament von Verhaltensweisen, die das Volk und seine Führer schuldig werden lassen. Immer wieder lässt Gott seinem Volk und dessen Anführern aber auch überragende Menschen erstehen, die sie gleichsam als Regulatoren auf den rechten Weg zurückbringen sollen. In den Worten und Werken dieser Menschen, aber auch durch das, was er ihnen selbst mitteilt, lässt uns Gott Offenbarung zuteilwerden.

Zugleich aber spüren wir, da die Menschheit insgesamt immer mehr Schuld auf sich lädt und gewissermaßen eine Eskalation schuldhaften Verhaltens allenthalben in den vorchristlichen Jahrhunderten zu bemerken ist, wie alles auf Christus hindrängt, auf den einen notwendigen radikalen Regulator des Schöpfungsplanes. Ohne ihn wäre die Menschheit in kulturelle, ethische und schließlich auch materielle Verhältnisse abgedriftet, von denen wir uns dann eine Vorstellung machen können.

Die großen Gestalten vor Christus wenden sich ausschließlich an das auserwählte Volk. Christus wendet sich an die Menschheit als Ganzes. Und er wendet sich zugleich an den einzelnen Menschen und seine innere, individuelle Lebenswirklichkeit. Das ist das absolut Neue an seiner Botschaft, dass es ihm sowohl um das Handeln und Tun eines Menschen geht als auch um sein Denken, Empfinden und Wollen, seine Gesinnung.

In Christus offenbart sich Gott uns unmittelbar. In ihm ist der Geist Gottes Mensch geworden. In jedem seiner Worte und in jeder seiner Handlungen spricht er aus ihm.

Deswegen lässt sich an den Aussagen und Darstellungen der vier Evangelien hinsichtlich dessen, was Christus sagt und tut, keine Kritik anbringen. Es gibt nichts an seiner Persönlichkeit, was man falsch oder fehlerhaft nennen könnte. Alles an ihm muss man bejahen, muss man als gut erkennen, vor allem die Idee der Liebe eines jeden zu seinen Mitmenschen, die, wie ich oben schon dargestellt habe, Gott uns durch ihn direkt übermittelt, und die Liebe zu Gott selbst.

Das Wunderbare an dieser Liebe ist, dass sie den Schöpfer selbst die Gestalt und das Wesen eines Geschöpfes annehmen lässt, dass sie ihn, um seinen Geschöpfen den richtigen Weg zu zeigen (zu ermöglichen), sich bis zu dem Tod am Kreuz erniedrigen lässt, bis zu einem Tod, der wohl das qualvollste Sterben bedeutet und den sonst nur Verbrecher erleiden müssen.

In Christus zeigt sich Gott als ideales Menschenbild, als seine Idee vom Menschen.

Dieses Leitbild, das Christus durch sein Leben und Sterben und durch seine Lehre vor uns Menschen aufgestellt hat, damit wir in seinem Sinne leben (ihm nachfolgen), hat der Evolution des Geistes den notwendigen unmittelbaren Impuls Gottes zuteilwerden lassen.

Zwar vermag kein Mensch, dieses Ideal voll und ganz zu verwirklichen (einigen Menschen ist dies in hohem Grade gelungen), weil es eben göttlichen Wesens und Ursprungs ist; doch seitdem diese ideale Menschengestalt Christus in der Welt erschienen ist, haben sich immer mehr Menschen in ihrem Denken, Empfinden und Handeln nach ihr ausgerichtet, haben ihr nachgestrebt, haben versucht, ihre Wesenszüge in die eigene Lebenswirklichkeit umzusetzen.

Die Wirkung, die von Christus ausgeht, ergibt sich zum einen aus den Inhalten, die er vermittelt, zum anderen aus seinem methodischen Vorgehen. Er ist unser Lehrer und unser Erzieher, und er weiß vermöge seines göttlichen Geistes, auf welche Weise er uns am wirkungsvollsten seine Inhalte vermitteln kann.

Seine Menschenkenntnis, das Wissen um jeden Einzelnen, jedes Individuum, das ihm gegenübertritt – also auch das Wissen um mich –, erweist ihn wegen ihrer absolut zutreffenden Einschätzung eben eines jeden Individuums als Gottes Sohn. Er wendet sich ja an jeden einzelnen Menschen und spricht ihn aufgrund seiner stets stimmigen Beurteilung in einer eben auf jede individuelle Persönlichkeit zugeschnittenen Weise an: »Philippus trifft den Nathanael (Bartholomäus) und sagt zu ihm: ‚Der, von dem Mose im Gesetz geschrieben hat und die Propheten, den haben wir gefunden; nämlich Jesus, den Sohn Josephs, aus Nazareth. Nathanael sprach zu ihm: ‚Kann aus Nazareth etwas Gutes kommen?' Philippus sagt zu ihm: ‚Komm und sieh!' Jesus sah den Nathanael auf sich zukommen und sagte über ihn: ‚Siehe, ein wahrer Israelit, in dem kein Falsch ist.' Nathanael sagt zu ihm: ‚Woher kennst du mich?' Jesus antwortete und sprach zu ihm: ‚Ehe Philippus dich rief, als du unter dem Feigenbaum warst, sah ich dich.' Nathanael sagt zu ihm: ‚Rabbi, du bist der Sohn Gottes, du bist der König Israels.« (Joh. 1.45–49)

Nathanael ist Philippus gegenüber zunächst skeptisch, weil Jesus aus Nazareth in Galiläa stammt. Der Ort und das Land waren bei den rechtgläubigen Juden gering geachtet. Doch als Jesus ihn, ohne ihn vorher gesehen noch gekannt zu haben, richtig (als rechtgläubigen Juden) einschätzt und als er ihm detailliert Vorgänge aus der Vergangenheit in seinem Leben, von dem Jesus nach menschlichem Ermessen gar nichts wissen kann, darlegt, ist er von Christus als dem Sohne Gottes überzeugt und schließt sich ihm an.

Dieses persönliche Ansprechen eines jeden Individuums, dieses Bezugnehmen auf das Selbst eines jeden Menschen, ist ein wesentlicher Faktor von Christi pädagogischem Verhalten. Er wendet sich in erster Linie eben nicht an eine Gruppe, an ein Volk, an die Kirche als Ganzes, an die Menschheit, sondern er geht auf den einzelnen Menschen zu, spricht ihn an und fordert ihn so heraus, sich ihm (Christus) zuzuwenden.

Ein zweites Element seiner Methode besteht darin, dass er nicht nur Lehrsätze bzw. Lehrmeinungen, Gebote ausspricht, sondern in seinen Gleichnissen Bilder in uns entstehen lässt, die sich tief in unserem Bewusstsein eingraben und unauslöschlich sind.

Die Gleichnisse vom Senfkorn, von den Talenten, von dem Sämann, von dem Samariter, von der Heimkehr des verloren geglaubten Sohnes, von den klugen und törichten Jungfrauen, von dem auf Sand gebauten Haus, von den Lilien des Feldes, von dem reichen Prasser und dem armen Lazarus und die vielen anderen bauen in uns Zusammenhänge von gut und böse, richtig und falsch, sinnvoll und unsinnig auf, die an Bildern festgemacht sind, wie gesagt, unauslöschlichen Bildern, die wir unser ganzes Leben lang behalten und an denen wir unser Verhalten in ethischer und moralischer Hinsicht messen und überprüfen können.

Diese Gleichnisse mit ihren Bildern haben das Bewusstsein des Abendlandes weitgehend mit geprägt. Sie begegnen uns allenthalben in der Literatur und haben die ethischen und moralischen Normen des abendländischen Denkens und Empfindens mitgesetzt. An ihnen führt kein Weg eines durch die abendländische Kultur geprägten Menschen vorbei, wenn dies auch durch die äußeren Vorgänge und Umstände, die sich im Abendland und ausgehend von der abendländischen Kultur und Zivilisation ergeben haben, widerlegt zu werden scheint.

An dritter Stelle sind die direkten Leitsätze und Lehren zu nennen, die auch ganz wesentlich zu dem methodischen Konzept Christi gehören. In ihnen formuliert Christus jenes ideale Menschenbild, das er als Sohn Gottes vorlebt, die Idee von einem nach Gottes (nach seinem) Willen existierenden Menschen.

Diese Leitsätze Christi sind als Zielsetzungen, nicht als Handlungsnormen oder als Leistungsanforderungen zu verstehen. Jeder Mensch wird von Christus gerade durch diese Maximen aufgefordert, sein Leben auf die in ihnen beschriebenen Verhaltensweisen hin auszurichten.

Schließlich legitimiert sich Christus, wie ich oben schon darlegte, durch seine immer heilbringenden Wundertaten als der Sohn Gottes und selbst als Gott. Sicher sind diese Wundertaten auch Zeichen, aber sie sind auch Fakten und als solche eben Zeichen seiner Göttlichkeit.

Die stärkste Quelle der Kraft seines Wirkens und seiner Lehre geht, wie schon gesagt, jedoch von seiner Hingabe aus, von seinem Opfer für uns Menschen am Kreuz. Durch sein Leiden und seinen Tod erhält seine Lehre die letzte Glaubwürdigkeit. Und durch seine Auferstehung und seine Rückkehr in Gottes absolute Wirklichkeit erwächst uns die Hoffnung, dass auch wir an dieser absoluten Wirklichkeit teilhaben können.

Der Inhalt seiner Lehre zielt darauf ab, das Verhältnis von uns Menschen zu Gott und zu unseren Mitmenschen so angemessen wie möglich zu gestalten. »Angemessen« bedeutet hier in beiden Fällen: von Liebe bestimmt und getragen.

Die Liebe zu Gott, die Christus uns immer wieder nahelegt, kommt am vollkommensten in dem Gebet zum Ausdruck, das er uns gelehrt hat, in dem Vaterunser. In diesem Gebet sind wir, die Geschöpfe Gottes, zugleich seine Kinder, und in den Bitten, die wir in diesem Gebet aussprechen, verbergen sich das Vertrauen und die Hingabe zum Vater, die Kindern eben eigen ist.

Überhaupt ist das Gebet das wichtigste Medium, das uns mit Gott verbindet. Durch den Vorgang Gebet geht eine ungeheure Kraft von uns zu Gott aus, und Gott wiederum lässt, wenn wir beten, Kraft in uns hereinströmen. Durch das Gebet baut sich überhaupt erst eine Beziehung zu Gott auf, und sie wird aufrechterhalten durch den kontinuierlichen Vollzug des Betens. So ist das Gebet der wesentliche Ausdruck unserer Liebe zu Gott.

Die Liebe zu unseren Mitmenschen hat Christus in den Seligpreisungen der Bergpredigt dargestellt, die man sozusagen als eine Zusammenfassung seiner Lehre hinsichtlich unserer diesseitigen Belange ansehen kann.

An den Seligpreisungen (Matth. 5.1–11) lassen sich zwei Gruppen erkennen. Die eine Gruppe (selig die Trauernden, die hungern und dürsten nach der Gerechtigkeit, die verfolgt werden um der Gerechtigkeit willen, selig seid ihr, wenn sie euch schmähen und verfolgen und euch alles Böse nachsagen um meinetwillen) betrifft Menschen, die unter Verhältnissen leiden, die (noch) nicht den idealen Zustand erreicht haben.

Die andere (selig die Armen im Geiste, die Sanftmütigen, die Barmherzigen, die Friedensstifter) zeigt uns Verhaltensweisen auf, durch die negative Verhältnisse und Zustände in positive gewandelt werden können. Übrigens kann die erste Seligpreisung dieser Gruppe »selig die Armen im Geiste« zu Missverständnissen führen. Arm im Geiste kann auch ein Reicher sein, wenn er sich innerlich vor Gott von seinem Besitz (von allem, was ihm, zu ihm gehört) lösen kann und wenn er seinen Besitz für andere Menschen einsetzt, wenn er dies alles als ihm von Gott anvertraut ansieht.

Die Seligen der ersten Gruppe sind diejenigen, deren Umfeld nicht von Liebe getragen ist. Sie sind die passiven Erdulder. Die der anderen Gruppe tragen Liebe in ihr Umfeld hinein, sie sind die Aktiven, die Veränderer, die den Prozess, die Evolution der Liebe vorantreiben, so, wie es Gott (Christus) will.

Christus (Gott) will, dass die Menschen in der Welt sich diesem Prozess dieser Evolution der Liebe unterwerfen, dass sie auf ihr Umfeld in diesem

Sinne einwirken, dass die Menschheit nach dem Bild, das Gott von ihr entworfen hat, verändert wird.

Wenn wir Menschen ganz nach der Lehre Christi leben und wirken würden, wäre die Menschheit vollkommen, hätten wir ideale Zustände auf unserer Welt, Zustände, wie sie der Prophet Isaias in seinen endzeitlichen Visionen darstellt, Zustände, nach denen sich die Menschheit seit eh und je sehnt, nach denen wir uns auch heute immer noch sehnen.

Die Kirche Christi als Medium der Offenbarung auf dem Weg zur Einheit, um die Christus den Vater bittet.

So wie alles auf Christus hindrängt – die Propheten des Alten Testaments weisen auf sein Kommen hin, die großen Gestalten der griechischen Philosophie haben den Geist der Zeit auf einen Stand gehoben, der sein Erscheinen in der Welt gleichsam provoziert –, so geht alles seither von seiner Persönlichkeit und seiner Lehre aus.

Das Leitbild, das er der Menschheit mit auf den Weg gegeben hat, hat bewirkt, dass die alten Kulturen des Mittelmeerraumes und des Vorderen Orients, deren Blütezeiten vorüber waren und die in dem morbiden und längst überfälligen römischen Kaiserreich ihr zum Teil bereits verklungenes Leben fristeten, sich in dem Medium »Ekklesia« vereinten und in der von dieser Ekklesia weitgehend getragenen abendländischen Kultur aufgingen.

Zwar hat der Islam den Vorderen Orient, Nordafrika und später das Oströmische Reich und den Balkan im Laufe der Zeit für sich gewonnen, doch das ganze übrige Europa wurde von der Idee Christi durchdrungen, und von hier aus hat sie sich über die ganze Welt verbreitet.

Mit dieser Idee wurden die mediterrane und die vorderasiatische Kultur nach Mitteleuropa getragen, und hier entstand allmählich die vielgescholtene und doch, wenn man ehrlich ist, für uns alle unentbehrliche Zivilisation, die zusammen mit der abendländischen Kultur ebenfalls die ganze Welt erfasst hat.

Auch die Idee des Kommunismus, von der viele Völker weltanschaulich bestimmt waren und noch bestimmt sind, hat ihren Ursprung in der abendländischen Kultur und ist, wie ich oben schon darlegte, ohne das Leitbild Christi nicht zu denken.

Das Medium dieses Prozesses war und ist nach wie vor, wie eben schon angedeutet, die Ekklesia – die Kirche Christi.

Der über die Zeiten hinweg – trotz der oben dargelegten schuldhaften Verstrickungen – unverändert stark in ihr wirkende unmittelbare göttliche Impuls »Christus« hat ihr als motorische Kraft eine lebendige Vielfalt verliehen, wie dies bei keiner anderen Idee der Fall war und ist.

Sie hat in ihrem evolutionären Prozess, wie gesagt, das Leitbild Christi in alle Völker und Nationen getragen, und über die von ihr ausgehende abendländische Kultur und Zivilisation hat es eben sogar auch Menschen und Menschengruppen erfasst, die Gott und Christus leugnen.

Sie hat bewirkt, dass sich weltweit jeder Mensch für oder gegen Christus, für oder gegen Gott entscheiden muss.

Überhaupt ist die freie Entscheidung inzwischen das einzige Kriterium geworden, das über die Zugehörigkeit zu ihr, und damit zu Christus, bestimmt – ganz im Sinne Christi.

Die geistige Evolution, die ohne Zweifel in der Kirche stattgefunden hat, war, wie ich oben schon darlegte, notwendigerweise auch von Fehlhaltungen, Fehlentscheidungen, Fehlentwicklungen gekennzeichnet. Solche historisch bedingten Vorgänge muss man retrospektiv klar erkennen, in ihren Auswirkungen untersuchen und beurteilen und mit Bedauern verurteilen. Rückgängig machen kann man sie nicht. Man sollte nur aus ihnen lernen und sie mit Blick auf die Zukunft zu vermeiden suchen.

Als eine der meines Erachtens folgenschweren Fehlhaltungen in der Kirche sehe ich die starre Ablehnung gegenüber anderen Meinungen, Sichtweisen, ja sogar gegenüber unumstößlichen Beweislagen (z. B. im Fall Galilei) an, folgenschwer deswegen, weil auf diese Weise die Einheit verloren ging, und zwar unter schwersten Verstößen gegen Christi Gebot (ich habe dies oben schon dargelegt), weil zum anderen ganze Bereiche (z. B. die Naturwissenschaften) unnötigerweise von der Kirche aus der Hand gegeben wurden und weil drittens die geistige Evolution (die ja in der Kirche stattgefunden hat) durch uneinsichtiges und unbewegliches Verhalten aufgehalten wurde.

Ich komme in diesem Zusammenhang noch einmal auf das Gleichnis von den Knechten mit den ihnen anvertrauten Talenten zurück: Christus zeigt uns in diesem Gleichnis, dass Gott von uns das Hinzugewinnen von Neuem erwartet und dass er das bloße Verharren und Beharren auf dem Alten verurteilt.

Gott, Christus, offenbart sich jedem Einzelnen von uns, auch wenn diese Offenbarung durch die Kirche vermittelt wird, auf eine, wie schon gesagt, einmalige, originale, ganz eigene und deswegen neue Art und Weise in dessen innerer Wirklichkeit.

Durch Kommunikation sind wir in der Lage, die inneren Wirklichkeiten anderer Menschen als Individuen bis zu einem gewissen Grade in uns aufzunehmen, sie in unsere eigene einzubinden, sie anzunehmen oder abzulehnen.

Auch Offenbarung Gottes in den inneren Wirklichkeiten anderer Menschen kann uns durch Kommunikation zuteilwerden, wenn wir nur bereit sind, das andere, das Neue in uns einfließen zu lassen, um in einem Verarbeitungsprozess zu prüfen, ob es mit unserer eigenen Offenbarungswirklichkeit vereinbar ist. Dies ist unbestreitbar ein innerer Vorgang, den wir ständig vollziehen. Und in jedem Fall ist dieser geistige Vorgang eine Bereicherung der eigenen inneren Wirklichkeit. Nur sollte in jedem Fall der andere Mensch als individuelle Persönlichkeit akzeptiert bleiben, auch wenn seine innere Offenbarungswirklichkeit der meinigen nicht entsprechen kann.

Die Kirche (die Kirchen) hat sich zu oft dem Neuen zu lange verschlossen und die Menschen, von denen es ausging, aus der Gemeinschaft ausgestoßen.

Dabei müssen wir im Nachhinein feststellen, dass sie hinsichtlich der neuen Impulse diesen oben beschriebenen Verarbeitungsprozess durchaus vollzogen hat und sich im Laufe der Zeit mit den inneren Wirklichkeiten der betreffenden von ihr verstoßenen Menschen bereichert hat.

Sie selbst aber hat sie als Persönlichkeiten nicht akzeptiert. Vor allem hat sie den von Christus gebotenen brüderlichen Dialog, der nach seiner Weisung sogar dem Sünder zuteilwerden soll, in zu vielen Fällen eben mit dem Schwert, der Folter, dem Scheiterhaufen geführt.

Martin Luther hätte, wenn er die Kirche heute erleben könnte, von seiner damaligen Sicht aus keinen Grund mehr für seine Thesen und in manchen anderen Punkten für die unselige Spaltung, zu der er sich zu seiner Zeit seitens der römischen Kirche genötigt sah und unter der wir Christen alle leiden.

Damals hatte er als ein wahrhaft ehrlich um ein rechtes Verhältnis zu Gott und zu der Kirche ringender Christ in der Tat allen Grund, mit dieser Kirche unzufrieden zu sein. Heute wäre ihm deswegen in manchem der Wind aus den Segeln genommen, weil sie sich in vielem nach seinen Vorstellungen gewandelt hat – nicht zuletzt dank seiner Kritik an ihr.

Die Ursachen für die großen und kleinen Risse, die die Christenheit schmerzhaft durchtrennen – auch heute noch –, liegen in erster Linie in schuldhaftem Verhalten einzelner Menschen und von Menschengruppen, in einem, wie ich es oben genannt habe, Durchschlagen des eigenen Selbst hinsichtlich der eigenen Meinung, der eigenen Macht, des eigenen materiellen und politischen Vorteils.

Zudem sahen sich viele Verantwortliche in der Kirche (den Kirchen) durch die Pfingstbotschaft als vom Heiligen Geist getragen an, so dass sie glaubten, alles, was durch sie geschehe, geschähe im Namen und mit Billigung Gottes (Christi). So konnten sie in maßloser Selbstüberschätzung, ohne die Spur von Selbstkritik, diese fürchterlichen Verfahren veranlassen und durchführen, deren Prozessprotokolle uns eingehend darüber Aufschluss geben.

In dem Protokoll des Ketzerprozesses gegen Jeanne d'Arc (1431) können wir die Worte des Richters lesen: »Es gibt die triumphierende Kirche, wo Gott, die Heiligen, die Engel und die schon geretteten Seelen sind. Und es gibt die streitende Kirche: das ist der Papst, der Stellvertreter Gottes auf Erden, die Kardinäle und Prälaten der Kirche, die Geistlichkeit und alle guten Christen und Katholiken. Diese vereinigte Kirche kann nicht irren, sie wird vom Heiligen Geist geleitet.«

Wie sehr sich dieser Richter als einer der Verantwortungsträger dieser Kirche geirrt hat, wissen wir alle: Die Verurteilung der Jungfrau von Orleans wurde – nach ihrer Verbrennung als Ketzerin – im Jahre 1456 von einem kirchlichen Gericht aufgehoben, 1920 wurde sie sogar heiliggesprochen.

Im Rahmen der Evolution waren diese Fehlhaltungen, Fehlentscheidungen, Fehlentwicklungen, so sehe ich es, möglicherweise notwendige Lasten, die die Kirche auf sich laden musste. Retrospektiv kann ich als Christ von der Basis her nur verständnislos mit dem Kopf schütteln darüber, wie sehr Verselbstung hinsichtlich des eigenen Bewusstseins und des eigenen Interesses bei allen Beteiligten für die Spaltungen innerhalb der Kirche den Ausschlag gegeben haben, wie wenig das Gebot Christi »Liebe deinen Nächsten wie dich selbst« und das Gebot der Achtung vor dem anderen Menschen eine Rolle gespielt haben.

Ich brauche hier nur an das morgenländische Schisma zu erinnern, um deutlich zu machen, wie (aus unserer heutigen Sicht) lächerlich bei der in jeder Hinsicht folgenschweren Kirchenspaltung verfahren wurde. Sicher spielten im Hintergrund unterschiedliche Auffassungen von der Struktur der Kirche die eigentliche Rolle bei der Trennung. Die Kirche im Osten wehrte sich gegen eine zentralistische Ordnung, während die römische Kirche den Primat des Papstes in Rom als unabdingbare Gegebenheit ansah. Dass dabei machtpolitische Gründe mit den Ausschlag gaben, ist nicht von der Hand zu weisen.

Unsinnig und, wie gesagt, lächerlich erscheint uns heute jedoch die Art und Weise, wie man sich trennte: Man verhängte jeweils über die Gegenseite den Kirchenbann, und jede der beiden nun entzweiten Kirchen betrachtete sich als die rechtgläubige; die byzantinische nannte sich sogar »orthodox« (rechtgläubig). Menschengruppen, ja ganze Völkerschaften, die nach Christi Willen miteinander in Liebe hätten umgehen müssen, waren seither bis aufs Blut verfeindet, was im vierten Kreuzzug bittere Wirklichkeit wird.

Auch bei den Ursachen der Zersplitterung der Kirche, die Glaubensfragen betreffen, spielt ein starres Durchsetzenwollen des oft spitzfindigen eigenen Standpunktes die Hauptrolle. Ein in dieser Hinsicht sehr aufschlussreiches Beispiel bietet sich in der Diskussion über das heilige Abendmahl an, das ja unverständlicherweise einer der Anlässe zur Entzweiung war, unverständlicherweise deswegen, weil es eigentlich Medium der Vereinigung sein sollte, der Vereinigung der Apostel mit Christus und der Vereinigung aller Christen mit ihm (Luk. 22.15: »Sehnlich hat es mich verlangt, dieses Paschamahl mit euch zu essen, bevor ich leide« ... »tut dies zu meinem Gedächtnis«).

Konstantinopel hat sich unter anderem deswegen von Rom getrennt, weil man im Osten gesäuertes Brot beim Abendmahl aß, im Westen dagegen ungesäuertes. Martin Luther bleibt bei der Lehre der Westkirche und der Ostkirche, dass Leib und Blut Christi in dem Brot und dem Wein gegenwärtig seien, allerdings eingeschränkt auf den Augenblick des Empfangens. Für Zwingli sind Brot und Wein lediglich Zeichen für den Leib und das Blut Christi. Calvin tritt für eine geistlich-wirkliche Gegenwart Christi statt einer körperlich-wirklichen ein.

Anders als bei dem Trennungsgrund, der das Morgenländische Schisma betrifft und den man heute als irrelevant und oberflächlich einstufen muss (gesäuertes/ungesäuertes Brot), geht es bei den unterschiedlichen Auffassungen hinsichtlich der Gegenwart Christi im Abendmahl um die Substanz.

Es ist schon ein erheblicher Unterschied in der Sichtweise zwischen den Glaubensaussagen der christlichen Konfessionen zu erkennen, die aus den inneren Glaubenswirklichkeiten einzelner Personen oder verhältnismäßig kleiner Menschengruppen erwachsen sind, deren ehrliches Ringen um den Glauben außer Frage steht.

Nur halte ich es für unnötig und gefährlich, weil destruktiv, ein so hohes Gut wie das von Christus allen Menschen, die an ihn glauben, zugedachte heilige Mahl hinsichtlich seiner Wesenheit so festgelegt zu formulieren, wie dies seitens aller beteiligten Gruppen geschehen ist, und das aufgrund der unterschiedlichen Sichtweisen einzelner Menschen bzw. kleiner Menschengruppen, die wiederum ihre eigene Auffassung den ihnen zugehörenden Menschen als Dogma aufzwingen.

Unnötig erscheint eine derartige Festlegung des Verständnisses deswegen, weil Christus selbst an dem Vorgang aufzeigt, wie er Abendmahl vorgesehen hat. Ich möchte hier nicht auf die sogenannten Einsetzungsworte Christi eingehen, die eindeutig sind, sondern auf die äußere und innere Situation der Beteiligten.

Christus ist mit seinen Aposteln zum Mahl zusammengekommen. Die Apostel unterscheiden sich in ihrem Wesen und ihrem Charakter sehr voneinander. Jeder von ihnen hat eine andere innere Wirklichkeit und ein anderes Bild, eine andere Vorstellung von Christus und von dem, was er tut und was er will.

Thomas z. B. ist Realist, für ihn gelten nur Fakten, Tatsachen, das zeigt er sehr deutlich nach der Auferstehung Christi, die er nur dann als gegeben ansieht, wenn Christus sich ihm direkt zeigt.

Judas, der Christus aus Habgier längst verraten hat, weiß um sein abscheuliches Verhalten, wenn er Christus fragt: »Bin ich es?«. Die Konsequenz seiner Handlungsweise ist die Verzweiflung.

Petrus beteuert seine Liebe und Treue zu Christus, wird ihn aber aus Angst und Mangel an Vertrauen kurz darauf verleugnen und sein Versagen zutiefst bereuen.

Christus kennt sie alle und weiß, was in jedem Einzelnen von ihnen vorgeht. Er fragt nicht jeden von ihnen: »Wie denkst du über das, was ich jetzt tue? Hast du auch die angemessene Vorstellung davon, die richtige Einstellung dazu?« Er gibt jedem ohne Unterschied Brot und Wein, denn alle haben, zumindest nach außen hin, durch ihre Anwesenheit ihre Zugehörigkeit zu ihm bezeugt.

Seine Nachfolger in den Kirchen wollten (wollen) alles genau – und jeder besser als der andere – wissen und haben den Zusammenhang bis ins Detail nach der eigenen subjektiven Anschauung in akribischer Sorgfalt definiert, mit der Vorgabe, die eigene Sichtweise sei die richtige.

Ich gehe davon aus, dass kein Mensch – auch nicht in der Kirche (in den Kirchen) – den Zusammenhang »Abendmahl«, so, wie er in Wirklichkeit von Christus gemeint ist, erfassen kann.

Wir sollten deswegen den Streit darüber und die Entzweiung schleunigst aus dem Wege räumen und das tun, wozu Christus uns auffordert, und zwar gemeinsam: »Tuet dies zu meinem Gedächtnis!«

Man stelle sich vor, Leonardo da Vinci hätte die Apostel auf seiner berühmten Darstellung dieser Szene als lutherische, orthodoxe, calvinistische, katholische kenntlich gemacht! Wie unmöglich wäre das Bild! Der berühmte Meister hat wohl ihre unterschiedlichen inneren Wirklichkeiten in ihren Gesichtern und ihren Gestalten ausgeprägt dargestellt. An den Körperhaltungen, den Gesten, den Mienen und Blicken erkennen wir, dass jeder von ihnen eine andere Einstellung zu Christus, eine andere Vorstellung von ihm hat.

Christus bietet sich – Leonardos malerische Komposition lässt dies sehr deutlich werden – jedem von ihnen in gleicher Weise an. Sein Blick ist nach innen gekehrt, er sieht keinen von ihnen an, lediglich seine linke Hand weist, die Handfläche nach oben, auf das Mahl hin.

Als gefährlich hat sich die überspitzt festgelegte Formulierung von inneren Glaubenswirklichkeiten einzelner Menschen oder kleinerer Menschengruppen deswegen erwiesen, weil das Bewusstsein ungeheuer großer Menschengruppen, ja ganzer Völker zwangsweise nach ihnen ausgerichtet wurde. Es entstand eine ideologische Uniformierung der einzelnen Gruppen, die zwangsläufig Konfrontationen heraufbeschworen haben, die sich aus den unterschiedlichen Bewusstseins- und Empfindungslagen ergaben.

Ich bin katholischer Christ. Ich bin es gern, weil mein Bewusstsein und mein Empfinden sich in einem katholischen Umfeld gebildet und entwickelt haben: Meine Eltern waren katholische Christen, deren Eltern ebenfalls ... Mein Freund ist evangelisch. Ich schätze ihn sehr. Sein Bewusstsein und sein Empfinden sind von einem evangelischen Umfeld geprägt, weil ...

Durch unsere Geburt erhalten unser Bewusstsein und unser Empfinden, was unser Christsein anbetrifft, Denk- und Empfindungsrichtungen, die letzten Endes von derartigen überspitzten Formulierungen ausgehen und bestimmt werden und die in ihrer letzten Konsequenz auf Konfrontation mit anderen Glaubensrichtungen angelegt sind.

Man hat bisweilen den Eindruck, dass nicht mehr das, was Christus gesagt und getan hat, das ist, worauf es ankommt, sondern die Interpretation derjenigen christlichen Gemeinschaft, der man angehört, und jede dieser christlichen Gemeinschaften nimmt für sich in Anspruch, die bessere Interpretation zu besitzen.

Uns Christen an der Basis kümmert das alles eigentlich sehr wenig, weil wir langsam den Sinn dieser unseligen Streitereien und Besserwissereien nicht mehr einsehen können und nicht mehr bereit sind, sie mit zu tragen.

Gott sei Dank, haben sich in den letzten Jahrzehnten die Unterschiede und Gegensätze zwischen den christlichen Konfessionen weitgehend verringert – wir sind sehr dankbar dafür –, so dass das Leben und Auskommen miteinander in keiner Weise mehr von ihnen betroffen sind.

In vergangenen Zeiten waren die Gegensätze unüberbrückbar. Noch in meiner Kindheit wurde es vielerorts als sündhaft angesehen, wenn man als katholischer Christ eine evangelische Kirche zu betreten wagte, geschweige denn einem evangelischen Gottesdienst beiwohnte. Und es galt als unziemlich, wenn man freundschaftlichen Umgang mit Christen anderer Glaubensgemeinschaften hatte.

In den vergangenen Jahrhunderten wurden sehr viele blutige, grausame Kriege durch derartige Formulierungen mit ausgelöst und verschuldet. Einer dieser Kriege wütete dreißig Jahre im Herzen Europas. Dieser Krieg war in dem Verhältnis der Ausmaße weitaus grauenhafter als der Zweite Weltkrieg. Die niedrigsten Schätzungen gehen davon aus, dass mindestens ein Drittel der Bevölkerung (6 Millionen) während des Dreißigjährigen Krieges ums Leben kamen. Andere sprechen von bis zu drei Vierteln der Bevölkerung Deutschlands.

Übrigens muss man es als eine positive Auswirkung des Zweiten Weltkrieges ansehen, dass das Verhältnis der Glaubensgemeinschaften zueinander ein wesentlich besseres geworden ist. Gerade durch die Umschichtungen der Bevölkerung als Folgeerscheinung von Flucht und Vertreibung und die sich daraus ergebende Not waren die Menschen gezwungen, aufeinander zuzugehen und auch aufeinander einzugehen. Man lernte die Menschen der anderen Konfessionen besser kennen und achten, und das führte dazu, dass man sich mit den Unterschieden unvoreingenommener auseinandersetzte.

Zweifellos wurde die ökumenische Bewegung durch das zwangsweise entstandene Miteinander in hohem Maße gefördert und vorangetrieben, gerade deswegen, weil statt der bislang herrschenden Distanz, ja sogar Feindschaft menschlicher Kontakt das Übliche wurde.

Es steht wohl außer Frage, dass die Spaltungen innerhalb der Kirche Christi zwar möglicherweise notwendige Vorgänge der Evolution – »Ärgernisse« – und als solche hinzunehmen sind, dass sich durch sie aber nicht der Zustand ergeben hat, um den Christus den Vater, kurz vor seinem Leiden und Sterben, für die Gemeinschaft aller, die an ihn glauben, bittet (Joh. 17.20): »Ich bitte aber nicht allein für diese (die Apostel), sondern auch für die, die durch ihr Wort an mich glauben werden, dass sie alle eins seien, wie du Vater, in mir und ich in dir; dass sie in uns eins seien, damit die Welt (Menschheit) glaube, dass du mich gesandt hast. Und ich habe die Herrlichkeit, die du mir gegeben hast, ihnen gegeben, damit sie eins seien, wie wir eins sind. Ich in ihnen und du in mir, so mögen sie zur vollendeten Einheit gelangen, damit die Welt erkenne, dass du mich gesandt und dass ich sie geliebt habe, wie du mich geliebt hast.«

Aus dieser drängenden Bitte Christi an den Vater lässt sich erkennen, was in beider (in Gottes) Sinne ist (»… eins seien, wie du in mir und ich in dir …«): die Einheit aller, die an Christus glauben, in ihm, dem Sohn, und dem Vater. Sie soll aus der Liebe Christi und der Liebe Gottes hervorgehen (»… damit die Welt erkenne, dass du mich gesandt hast und dass ich sie geliebt habe, wie du mich geliebt hast«).

Das ist der Wille Christi, der Wille Gottes. Daraus folgt, dass der Zustand, den wir im Augenblick ertragen müssen, eben nicht ein Zustand nach dem Willen Christi, eben nicht nach dem Willen Gottes ist. Dieser Zustand beruht auf schuldhaftem Verhalten. Auch wir Christen der Gegenwart verhalten uns schuldhaft, wenn wir wider bessere Erkenntnis in diesem Zustand verharren.

Wenn Christus sagt, »… dass sie in uns eins seien, damit die Welt glaube, dass du mich gesandt hast …«, so weist er der Einigkeit unter allen, die sich zu ihm bekennen, eine sehr wichtige Funktion gegenüber der Welt, das heißt gegenüber der gesamten Menschheit, zu, nämlich die Funktion, ihn und seine Sendung zu rechtfertigen.

Mit anderen Worten gesagt – und hier muss eigentlich jeder Betroffene erschrecken –, wir machen Christus selbst und seinen Auftrag durch unsere Uneinheit unglaubwürdig, ja lächerlich; wir bewirken durch sie, dass Christus und seine Sendung letzten Endes von der Menschheit nicht ernst genommen werden, weil man sich unter seinen Anhängern ja noch nicht einmal einig ist.

So sieht die in zweitausend Jahren entstandene Situation für Christus, für Gott, aus. Es ist unverständlich, dass die Verantwortlichen in allen Konfessionen nicht endlich die entscheidenden Schritte zu einer Vereinigung aller, die an Christus, Gottes eingeborenen Sohn, glauben, tun.

Stattdessen meint jede Gruppe, sie sei im Recht, die Schuld liege bei den anderen, die müssten nachgeben. Dabei handelt es sich bei den unterschiedlichen Auffassungen im Grunde nicht um die Inhalte des Evangeliums, dessen, was Christus gesagt und getan hat, sondern, wie ich oben schon darlegte, um unterschiedliche Interpretationen und Sichtweisen von Sachverhalten im Evangelium, die jenseits unseres Erkenntnishorizontes liegen, und hier ist allzu sehr die menschliche Spekulation im Spiel.

Die eigene Interpretation, die eigene Sichtweise, die gewohnten Umstände und Zustände, das Althergebrachte werden so sehr geliebt, wir hängen so sehr an ihnen, dass wir sie nicht aufgeben wollen; nicht einmal um der Worte Christi willen – so muss man es sehen – wären wir dazu bereit.

Es ist auch hier ein gerüttelt Maß an Verselbstung, Eigenliebe, Ichbezogenheit, Eitelkeit, Selbstgefälligkeit, Überheblichkeit seitens aller Beteiligten im Spiel, so dass wir uns fragen lassen müssen, wie wir diese entstandenen Zustände vor Christus, vor Gott, verantworten wollen.

Trennendes geht auch von den durch Tradition festgeschriebenen rituellen Kultstrukturen aus, die überwiegend symbolischen Charakter haben und infolgedessen statt der Inhalte, für die sie gelten sollen, lediglich

Zeichen vermitteln, die zwar in der Zeit ihres Entstehens den Menschen den Zusammenhang dieser Inhalte näherbringen konnten, späteren Zeiten – zumal uns heute in unserem Zeitalter der Wissenschaft und der Technik – nicht mehr unmittelbar verständlich sind. Und wollte man den Christen heute diese vielen Symbole erklärend deuten – vorausgesetzt man hätte sie als geduldige Zuhörer –, so würde, so müsste man sehr viel Zeit verschwenden, die man für die Inhalte nutzen sollte.

Bisweilen kann man sich des Eindrucks nicht erwehren, dass in den Kirchen die Zeichen als das Eigentliche genommen werden und dass die Inhalte in ihrem Schatten stehen müssen. Das bedeutet, ich bin als Angehöriger dieser oder jener Glaubensgemeinschaft ein guter Christ, wenn ich diese symbolischen Vorgänge, die sich in meiner Glaubensgemeinschaft irgendwann ergeben haben, vorbildlich nachvollziehe. Überspitzt gesagt, geht es vielfach gar nicht darum, ob ich mich so verhalte, wie Christus es uns lehrt, sondern ob ich mich nach den irgendwann durch Menschen entstandenen tradierten Formen verhalte.

Die Schuld liegt bei allen christlichen Gruppierungen, und wir sollten zunächst einmal endlich damit aufhören, sie den jeweils anderen zuzuschieben. Wir sollten uns selbst fragen: »Was ist in unserer Glaubensgemeinschaft falsch gemacht worden, was machen wir auch heute noch falsch?« Und wir sollten den Mut haben, falsche Verhaltensweisen zu korrigieren und inzwischen sinnentleerte Formen – so lieb und teuer sie uns auch sein mögen – auf ihre Notwendigkeit zu überprüfen.

Die kürzlich formulierte Erklärung hinsichtlich der Rechtfertigung ist ein Schritt in die richtige Richtung

Durch starre Traditionen werden die jüngeren Zeiten in unzumutbarer Weise in ihrem Wert herabgesetzt. Was in weit entlegener Zeit einmal ritueller Brauch oder gar lediglich Mode war, wird durch Tradition festgeschrieben und den nachfolgenden Generationen aufoktroyiert. Ihnen wurde in der Kirche (den Kirchen) überhaupt keine Wahl gelassen, das Überkommene anzunehmen oder abzulehnen, geschweige denn den Vorgängen den Ausdruck der eigenen Zeit zu verleihen. Inzwischen sind die Formen und Abläufe so starr strukturiert und umfangreich, dass für die gegenwärtige Generation kaum die Möglichkeit der Entfaltung des eigenen Ausdrucks bleibt.

Dies gilt übrigens nicht für die Künste im Umfeld Kirche. Hier haben jeder Künstler, jede Zeit ihre eigenständigen, unverwechselbaren Aussagen in ihre Werke eingebunden, durch die sie sich auch den nachfolgenden Generationen in durchaus glaubwürdig kommunikativer Weise mitteilen.

Die Fehler, die in den Kirchen gemacht wurden, lassen sich an den historischen Vorgängen bis in die Gegenwart hinein aufzeigen, und die sind heute so transparent, dass sich jeder leicht informieren kann.

Sehr viele Menschen, sehr viele Christen, vor allem auch Christen der jüngeren Generation, sind von verschiedenen Seiten her intensiv informiert; die Vorgänge liegen ziemlich offen und einsehbar vor allen Christen und vor der gesamten Menschheit.

Gerade dieser Umstand trägt in hohem Maße zu dem Unverständnis gegenüber der Entwicklung, die in der Kirche (den Kirchen) stattgefunden hat, bei, eben in ganz anderer Weise als in vergangenen Zeiten, als eine solche Transparenz noch nicht gegeben war. Und es ist für uns Christen von der Basis her nicht einzusehen, dass von den Verantwortlichen lediglich zur Einheit aufgerufen wird (immer in der Erwartung, dass die anderen zu Kreuze kriechen), dass aber nichts Grundlegendes für die Einheit getan wird. Die kürzlich formulierte Erklärung hinsichtlich der Rechtfertigung ist ein Schritt in die richtige Richtung.

Wir Christen in unserer Zeit mit ihrer pluralistischen Gesellschaft leben tagtäglich mit Christen anderer Konfessionen und anderer christlicher Gruppierungen zusammen. Wir haben mit ihnen im Beruf, in der Freizeit, bei mannigfaltigen Gelegenheiten Umgang; viele von uns sind durch eheliche Bande mit Christen anderer Konfessionen oder anderer christlicher Gruppierungen verbunden. Über die christlichen Gruppen hinweg und durch sie hindurch existieren unzählige Verbindungen der Liebe, der Freundschaft, des Miteinanders, so dass jenes Unverständnis sowie resignierende Fassungslosigkeit angesichts des Trümmerhaufens, den wir Christen in den zweitausend Jahren aus dem Erbe Christi gemacht haben, gerade in der jungen Generation ständig zunimmt. Und da wundert man sich in den Kirchen darüber und fragt verzweifelt nach den Gründen dafür, dass immer mehr Menschen aus den Kirchen hinausdrängen.

Wenn wir zu einer Einheit der Kirche Christi kommen wollen – ich *gehe* davon aus, dass dies die überwiegende Mehrheit aller Christen will –, so ist eine der wichtigen Voraussetzungen dafür, dass wir uns über Folgendes klar und einig werden: Der Geist Gottes ist durch das Leitbild Christi in allen, die an Christus glauben, das heißt, in allen Gruppierungen der umfassenden Kirche Christi lebendig, und wir Christen in allen Konfessionen und Gruppierungen spüren immer wieder aufs Neue, wie er, ungeachtet aller Trennung und Spaltung, uns durch das verkündete Wort und den gottesdienstlichen Vollzug sowie durch das Gebet und die Lektüre des Evangeliums erfüllt, wie er uns Kraft gibt und an sich zieht.

In jeder der entstandenen Teilkirchen wirkt und offenbart sich der Geist Gottes, weil aus ihnen allen, das erfahren wir täglich, Menschen hervorgehen, an denen das erkennbar und spürbar wird, die im Geiste Christi, im Geiste Gottes, ihr Leben gestalten und nach außen hin sichtbar machen, dass sie aus der Kraft dieses Geistes leben.

Sosehr wir die Trennung und Aufspaltung in der Kirche bedauern und sosehr dies uns schmerzt, müssen wir doch erkennen, dass diese Teilkirchen, als Auswirkungen und Ergebnisse der Evolution in der Kirche Christi, in großartiger Weise die Vielfalt religiösen Lebens, die unter dem Leitbild Christi möglich geworden ist, widerspiegeln.

Von daher gesehen, sollte man den Zustand der Kirche, der sich durch einen irreversiblen Prozess ergeben hat, von seiner positiven Seite her nehmen und diese Vielfalt der Teilkirchen als gewachsenes Christentum annehmen. Und man sollte nicht immer das, was man an Negativem an den anderen festzustellen glaubt, hervorkehren, sondern man sollte sich an dem Positiven, das in jedem Fall an den anderen zu erkennen ist, ausrichten.

Hierfür gibt es gute Gründe: Solche Abspaltungen haben ihre Ursache, die in der Regel in negativen Erscheinungen der Gruppe zu suchen sind, von der man sich abspaltet. Die Gruppe, die die Trennung vollzogen hat, kehrt das Negative durch Korrektur ins Positive um und hebt es hervor, gleichsam als Antwort. Sie hält sozusagen der Gruppe, von der sie sich abgespalten hat, den Spiegel vor, stellt sich aber gleichzeitig zur Diskussion.

Durch diesen Vorgang der geistigen Evolution hat eine ständige Erneuerung der christlichen Idee stattgefunden, ausgerichtet an dem Leitbild Christi, an der alle christlichen Gruppierungen teilhaben; denn alle sind, sei es als Herausforderung oder als Antwort – ich denke hier an die Reformation und die Gegenreformation –, in diesen Prozess eingebunden und haben sich notwendigerweise in ihm gewandelt.

Gegen Ende des 15. Jahrhunderts, Anfang des 16. Jahrhunderts zeigte sich die römische Kirche durch eine Fülle von Missständen als eine Herausforderung an die Christenheit.

Die Antwort erhielt sie durch Martin Luther und die Reformation, die zugleich wiederum Herausforderung wurde und in der römischen Kirche die Gegenreformation auslöste, ohne die diese Kirche indiskutabel geworden wäre.

Jede der Teilkirchen hebt Wesenszüge der christlichen Idee in besonderer Weise hervor. Und durch derartige Lernprozesse, wie wir sie in den Reformationen vorliegen haben, sind diese Wesenszüge im Laufe der Zeit immer klarer herausgebildet worden, vor allem sind sie breiten Schichten in der Christenheit immer bewusster geworden. Und die Teilkirchen haben voneinander gelernt.

Es wäre unrealistisch und nicht im Sinne der Evolution, wollte man alle christlichen Gruppen in eine Einheitskirche zusammenschmelzen, eine Kirche mit uniformen Ansichten, Auslegungen, Dogmen, Interpretationen, rituellen Vollzügen, einer für alle verbindlichen Hierarchie.

Dazu ist erstens das Gewachsene und zweitens Vorliegende in seiner Eigenständigkeit viel zu mächtig, als dass man es gewaltsam uniformieren könnte. Ein derartiger Gewaltakt entspräche auch nicht unserer Entwicklungsstufe, da er eben nur mit Gewalt durchgesetzt werden könnte und alle christlichen Gruppierungen nach dem Gebot Christi Gewalt ablehnen müssen.

Zweitens hat eben jede der Teilkirchen ihre Berechtigung in sich, und wer das leugnet, verschließt die Augen vor der Wirklichkeit oder ist ideologisch verblendet, oder er steht geistig nicht auf der Entwicklungsstufe unserer Zeit.

Und drittens liebt die Mehrheit der Christen (bei aller berechtigten Kritik) das Wesen der Teilkirche, der sie angehören, so sehr, dass sie es nicht preisgeben könnten. Denn jeder Christ wächst, wie ich oben darstellte, auf dem geistigen Boden seiner Glaubensgemeinschaft, und sein Wesen wird durchdrungen von ihrem Wesen und von ihm geformt. Dadurch entsteht eine enge Bindung an sie, er liebt diese Glaubensgemeinschaft eben, eine derartige Uniformierung müsste ihn entwurzeln, und das kann nicht Sinn der Einheit sein, wie sie Christus vom Vater erbittet.

Der oben dargestellte Einschmelzungsakt ergäbe Einheitlichkeit, nicht Einheit, wie Christus sie meint, wenn er sagt: »... so mögen sie zur vollendeten Einheit gelangen, damit die Welt (die Menschheit) erkenne, dass du mich gesandt hast und dass ich sie geliebt habe, wie du mich geliebt hast«.

Christus charakterisiert die Einheit, wie er sie meint, durch die beiden Verben »zu etwas gelangen« und »lieben«. Das erste Verb »zu etwas gelangen« sagt deutlich, dass »vollendete Einheit« das Ziel eines Prozesses, der Evolution innerhalb der Gesamtkirche, ist. Während dieses Prozesses liegt Einheit – das sieht Christus voraus – nicht vor, sie steht am Ende als Ergebnis. Es soll dann eine »vollendete«, vollkommene Einheit sein.

Aus diesen Worten Christi spricht die bange Voraussicht, dass Uneinheit zwischen allen, die an ihn glauben, entstehen wird. Er sieht die konkreten Abläufe, denen seine Ekklesia in den Dimensionen Zeit und Raum unterworfen sein wird, voraus. Diese voraussehende Erkenntnis schmerzt ihn, das spürt man aus seinen Worten.

Das andere Verb »lieben« kennzeichnet das Wesen der »vollendeten Einheit«.

Zunächst geht aus der Satzkonstruktion (Finalsatz: »... damit die Welt – die Menschheit – erkenne«) hervor, dass die »vollendete Einheit« Offenbarungscharakter hat: An ihr soll die Abfolge der Liebe des Vaters zum Sohn und des Sohnes zu allen, die an ihn und den Vater glauben, offenbar werden.

Der Inhaltssatz: »… dass du mich gesandt hast und dass ich sie geliebt habe, wie du mich geliebt hast …«, sagt das aus, was die Welt (die Menschheit) erkennen soll, nämlich dass Christus in Wahrheit der von Gott Gesendete ist und dass seine Liebe zu allen, die an ihn glauben, gleich der Liebe des Vaters zu ihm ist (Komparativsatz).

»Erkennen« soll die Menschheit die Authentizität der Sendung Christi, seine Liebe zu allen, die an ihn glauben, und die Liebe des Vaters zu ihm eben an der »vollendeten Einheit«.

Hier wird ein Zusammenhang deutlich, den man in der Vergangenheit und – wie mir scheint – auch in der Gegenwart übersehen hat bzw. übersieht. Christus liebt alle, die an ihn glauben, wie aus dem sprachlichen Zusammenhang hervorgeht, in gleicher Weise. Das bedeutet, dass die Liebe Christi allen Teilkirchen, allen Glaubensgemeinschaften in gleicher Weise gilt. Denn wenn er von Einheit spricht, zu der alle, die an ihn glauben, gelangen sollen, so setzt er Uneinheit voraus. Er sieht also voraus, dass es diese Gruppierungen in seiner Kirche geben wird. Diese Gruppierungen werden aber von der Gesamtheit aller, die an Christus glauben, gebildet. Also hat er alle Christen in allen Gruppierungen geliebt, als er Mensch war, und ich gehe davon aus, dass er sie auch nach seiner Rückkehr zum Vater liebt.

Von hier aus wird der eigentliche Gehalt des Begriffs »vollendete Einheit« deutlich: Soll die Menschheit nämlich die Liebe Gottes, die Liebe Christi, an dieser »vollendeten Einheit« erkennen können, so muss das wesentliche Merkmal dieser Einheit die Liebe aller Christen, aller christlichen Konfessionen zueinander sein. Liebe lässt sich nur an Liebe erkennen.

Wie ich oben schon darlegte, bedeutet Liebe die Annahme der anderen Wesenheit, so wie sie ist. Das heißt, die christlichen Glaubensgemeinschaften müssen, wenn Liebe zwischen ihnen sein soll, einander so annehmen, wie sie aufgrund der Evolution in der Kirche geworden sind. Ihre gegenwärtige Verfassung muss von allen anderen akzeptiert werden.

Daran hat es in der Vergangenheit, das muss man unumwunden und mit tiefem Bedauern zugeben, nur allzu sehr gefehlt. Vieles hat sich, wie schon gesagt, bereits zum Besseren geändert. Doch wenn wir auf den Konflikt zwischen den katholischen Kroaten und den orthodoxen Serben blicken (ganz zu schweigen von den Moslems), dessen Brutalität und menschenverachtende Grausamkeit uns tagtäglich zutiefst erschüttert, so wird unsere Hoffnung diesbezüglich rigoros gedämpft. Gerade dieser Krieg in dem ehemaligen Jugoslawien zeigt uns, wie dringend notwendig es ist, dass wir die entscheidenden Schritte zur Einigung in Liebe tun.

Ein Zurück zu den Zuständen vor den Spaltungen kann es aus den oben aufgezeigten Gründen nicht geben. Die Evolution, die in der Kirche stattgefunden hat, lässt sich nicht umkehren, eben auch deswegen nicht, weil die Denkweise und das Lebensgefühl der Menschen in den Teilkirchen über Generationen hinweg infolge der unterschiedlichen Auffassungen eine unterschiedliche Ausprägung erhalten haben, wobei wir uns immer wieder dessen bewusst werden müssen, dass diese Ausprägungen vor Christus den gleichen Wert haben – er liebt sie alle.

Die Geleise in den voneinander abweichenden Fahrspuren sind zu ausgefahren, als dass man sie wieder in eines zwingen könnte. Eine uniforme Einheit in der Kirche, wie oben skizziert, wäre nicht nur eine Utopie, sie wäre auch, aus den eben genannten Gründen, für unser Empfinden ausgesprochen abstoßend.

Unser Blick sollte sich nicht zurück, sondern in die Zukunft richten. Wir sollten die Unterschiede, die sich nun einmal zwischen den Konfessionen ergeben haben und die, wie gesagt, nicht mehr rückgängig zu machen sind, nicht als schmerzliche Zeichen der Trennung sehen, sondern sollten das Unterschiedliche verstehen lernen und es als Belehrung akzeptieren, denn es beinhaltet ja gerade das, was uns jeweils fehlt, weil die unterschiedlichen Ausprägungen nämlich als Merkmale multilateraler Kritik eigentlich die Defizite der jeweils anderen Gruppen aufzeigen. Und tatsächlich hat sich ja aufgrund solcher Kritik eben ein Wandel in der jeweils eigenen Teilkirche ergeben.

Die Unterschiede betreffen, wenn wir die Zusammenhänge nüchtern und sachlich auf den Auftrag Christi beziehen, auf seine Lehre, sein Leben und Sterben, seine Auferstehung und Himmelfahrt, nicht das Wesentliche – darin sind sich, so sehe ich es, alle Glaubensgemeinschaften einig –, sondern es sind, wie ich schon ausführte, die Interpretationen, die von den unterschiedlichen Auffassungen der verantwortlichen Menschen in den Glaubensgemeinschaften ausgehen, die uns voneinander trennen.

Das Wesentliche, der Inhalt des anfangs zitierten Glaubensbekenntnisses, ist allen, die an Christus glauben, gemein (mit Ausnahme des eingangs von mir angesprochenen Adjektivs »katholische«, das im Laufe der Zeit missverstanden worden ist). Was Christus von uns erwartet, ist, dass wir »vollendete Einheit« nicht in Einheitlichkeit, Uniformität, suchen, sondern in der Liebe, wie sie uns Paulus beschreibt (s. o.).

Fassen wir zusammen: Der Geist Gottes ist in allen und mit allen, die an Christus, an Gott, glauben. Christus liebt alle, die an ihn glauben. Christus will die Einheit aller, die an ihn glauben. Das Band der Einheit ist die Liebe.

Aus diesen vier Sätzen lassen sich Richtlinien herauslesen, denen die christlichen Glaubensgemeinschaften auf ihrem Wege zur Einheit, wie sie Christus will, folgen sollten.

Die Einheit ist von Christus, von Gott, gewollt; sie sollte sobald als möglich hergestellt werden.

Alle christlichen Glaubensgemeinschaften sollten zu einer umfassenden Synode zusammenkommen, und zwar ohne Vorbedingungen, auf der die wesentlichen Unterschiede (nicht z. B. die durch Tradition gewachsenen unterschiedlichen Riten und Bräuche, denen bei einer Einigung keine Bedeutung zukommen darf) zur Diskussion gestellt werden.

Diese Synode findet in brüderlicher Gemeinschaft statt, ohne den Führungsanspruch der einen oder anderen Teilkirche. Ohne diese Voraussetzung würde eine derartige Synode nicht zustande kommen können.

Die zerstörerisch trennenden Definitionen hinsichtlich der substanziellen Unterschiede (z. B. in Bezug auf das Abendmahl) sollten in ihrer trennenden Ausschließlichkeit zurückgenommen werden. Mit Blick auf das Abendmahl sollte man sich darauf einigen, dass Christus die Worte »Dies ist mein Leib, dies ist mein Blut. Tut dies zu meinem Gedächtnis!«

anlässlich des Abendmahls, des Mahles der Liebe, gesprochen hat und dass diese Worte in allen Teilkirchen beim Vollzug des Abendmahls gesprochen werden sollten, zu seinem Gedächtnis. Man sollte auf ein Hinterfragen dieser Worte verzichten, weil ja eben gerade dieses Hinterfragen von Sachverhalten, die jenseits unseres Erkenntnishorizontes liegen, mit den Anlass zur Trennung und Abspaltung gegeben haben.

Auf diese Weise könnte brüderliche Gemeinschaft in einem wesentlichen Bereich christlicher Existenz zustande kommen. Das gemeinsame Abendmahl wäre ein wichtiger Schritt zur Einheit.

Alle christlichen Glaubensgemeinschaften, die, wie gesagt, einander so annehmen sollten, wie sie geworden sind, sollten ein Gremium von aus ihren Reihen gewählten Vertretern bilden, das zur Aufgabe hat, die wichtigen Fragen des Miteinander zu beraten und durch Abstimmung zu beschließen, wie vorgegangen werden soll. Die Vertreter der Glaubensgemeinschaften sollten in der Regel im Alter der Erwerbstätigkeit stehen, damit eine Überalterung vermieden wird (Christus war 33 Jahre alt, als er starb). Das Gremium sollte möglichst zu gleichen Teilen von Frauen und Männern gebildet werden.

Die Beratungen sollten so geführt werden, dass die, wie ich oben sagte, trennende Ausschließlichkeit der eigenen Standpunkte nicht den Verhandlungsablauf bestimmt, damit die bestehenden Spannungen abgebaut werden können.

Christus sagt von sich selbst: »Ich bin der (gute) Hirt.« Er will die eine Herde aller, die an ihn glauben. Dass wir Christen zur Einheit gelangen, ist eines seiner wesentlichen Anliegen, ist einer seiner Aufträge an uns. Einheit in unserer Zeit ist nur in der Vielfalt möglich, nicht in der Weise, dass alle anderen sich einer Glaubensgemeinschaft anpassen. Deswegen sehe ich angesichts der zustande gekommenen Situation der Christenheit keinen anderen möglichen Weg als den oben beschriebenen, zu der Einheit aller Christen zu gelangen. Die Zeit scheint zu drängen. Wir sollten endlich das tun, was Christus von uns erwartet.